淡海《おうみ》文庫 55

サンライズ出版

武田 俊輔 編著
滋賀県立大学式年大祭調査団 著

世代をつなぐ竜王の祭り

―苗村神社三十三年式年大祭―

SUNRISE

はじめに

滋賀県立大学人間文化学部　講師
武田俊輔

苗村《なむら》神社は滋賀県蒲生《がもう》郡竜王町の大半、そして一部は近江八幡市や東近江市にも広がる、三十余郷と呼ばれる広範な村々に氏子を有する神社である。境内には鎌倉時代以前の建立として国宝に指定されている西本殿をはじめ、室町時代に建立された重要文化財の巨大な楼門など、長い歴史と格式を持つ。

この本でとりあげる苗村神社三十三年式年大祭は、その名の通り三十三年に一度、三十余郷の人々総出で執行される、苗村神社の大祭である。初回は一五九九年(慶長四)と伝えられ、平成二十六年(二〇一四)で十四回目となる。大祭ではとりわけ九村《くむら》と呼ばれる九つの地区からは、山車《だし》や鉾《ほこ》・踊り・人形芝居・囃子《はやし》などが盛大に奉納され、さらに苗村神社から仮御旅所へと向かう渡御《とぎょ》には三十余郷から千二百名もの人々が参列して、その様子はまさに壮観と言うべきものであった。

平成26年４月１日、初めて苗村神社を訪れる

本書は、滋賀県立大学人間文化学部地域文化学科の学生たちが、平成二十六年に執行された式年大祭において、その準備や練習の段階から大祭当日まで、参与観察という形で、自らの目と耳で調査を行った成果である。学生たちはこの調査において長い期間、九村の皆さんに密着し、その大祭に向けた努力、そして熱意に接してきた。学生たちもまたその熱意に引き込まれるように次第に成長し、そして大祭への視点を深めていったように思う。本書を通じて、この大祭を支えた人々の姿、そして三十三年後へと大祭の伝統を引き継いでいこうとする強い思いを、多くの方々に知っていただければ幸いである。

今回の調査に際しては九村の皆様をはじめ、苗村神社の宮司様・名誉宮司様、そして苗村神

山車の実測をする学生

竜王町立公民館での調査記録報告会

社三十三年式年大祭委員会の皆様、竜王町教育委員会の皆様にたいへんお世話になった。調査に慣れない学生たちにも丁寧にお答えいただき、山車《だし》の組み立てや芸能の練習の見学など、度重なる調査を認めていただいた皆様には、感謝の言葉もない。心よりお礼申し上げるとともに、三十三年後、そしてその先も末永く、この大祭が立派に執行されていくことを祈念いたしたい。

目次

九村《くむら》が奉納する古式催し・山車

島	せんにち渡りの踊り
川守	猩々《しょうじょう》踊り、せんぎり囃子、八幡山（山車）
岩井	豊年踊り
子之初内《このはうち》・綾戸	ころころこ踊り、人形芝居、三輪山（山車）
子之初内・田中	ころころこ踊り、囃子、稚児舞、春日山（山車）
奥村	田刈り踊り、志っぽろり
川上	鷺ばやし、白鷺山（山車）
駕輿丁《かよちょう》	囃子、ケンケト踊り、慶龍山（山車）

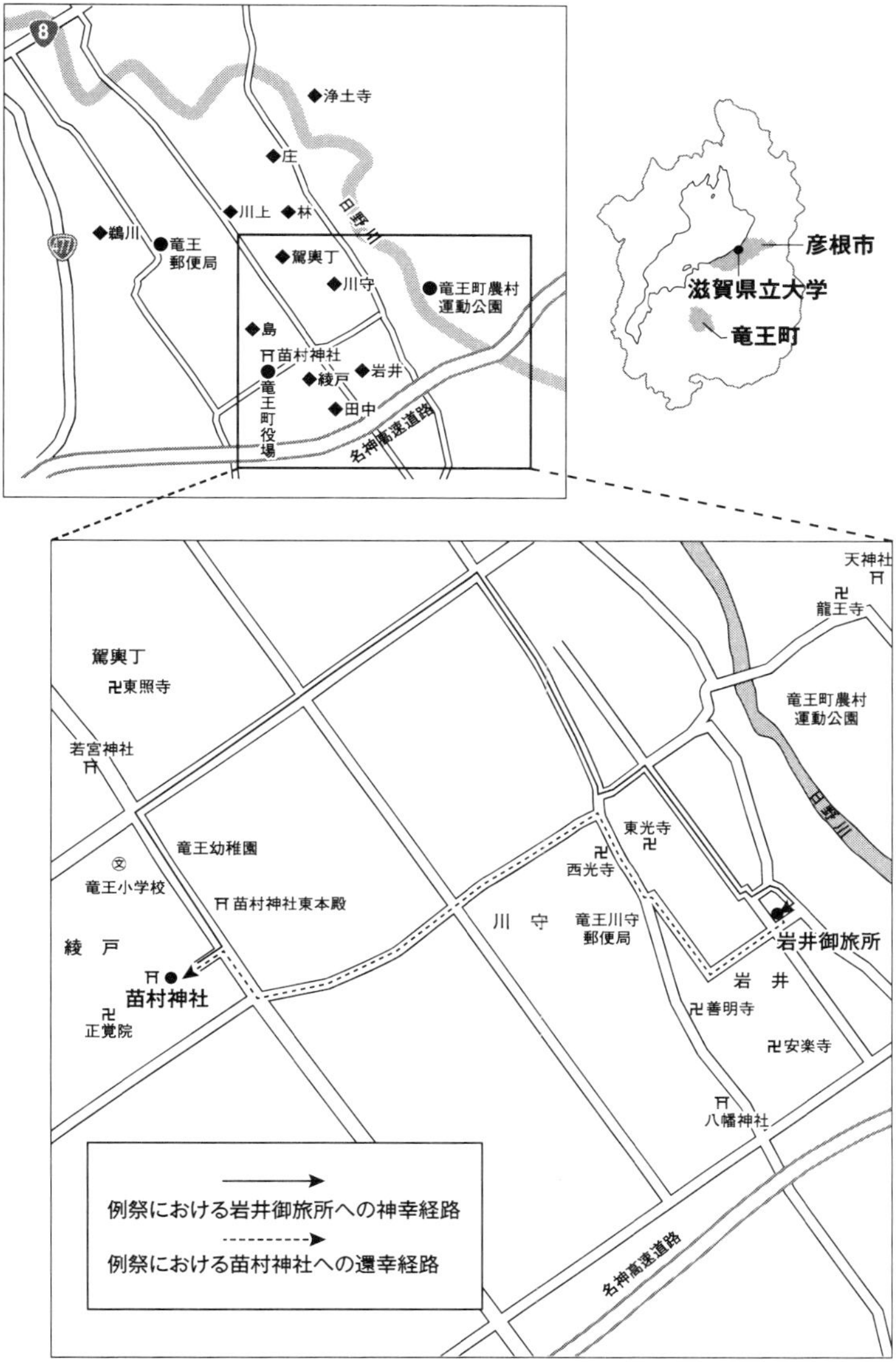

8
浄土寺
庄
川上
林
日野川
鵜川
竜王
郵便局
駕輿丁
川守
竜王町農村
運動公園
島
苗村神社
竜王町役場
綾戸
岩井
田中
名神高速道路
彦根市
滋賀県立大学
竜王町
天神社
龍王寺
竜王町農村
運動公園
駕輿丁
東照寺
若宮神社
日野川
東光寺
西光寺
竜王幼稚園
竜王小学校
苗村神社東本殿
川　守
竜王川守
郵便局
岩井御旅所
綾　戸
苗村神社
岩　井
正覚院
善明寺
安楽寺
八幡神社
例祭における岩井御旅所への神幸経路
例祭における苗村神社への還幸経路
名神高速道路

I

三十三年式年大祭とは

苗村神社の楼門

学生による式年大祭調査

滋賀県立大学人間文化学部　教授
市川秀之

苗村神社・苗村大祭の概要

近江八幡市街地から南に二十分ばかり車を走らせ、日野川にかかる橋を渡ると、のどかな水田景観の中に島のように浮かぶ広大な森が近づいてくる。この森に囲まれて鎮座するのが本書の舞台となる苗村《なむら》神社である。

苗村神社は滋賀県蒲生《がもう》郡竜王町綾戸《あやど》に鎮座する古社である。竜王町の各集落はなだらかな山容をもつ竜王山山系、鏡山山系に挟まれた幅の広い谷地形に散在し、その平坦地を日野川が南から北へと蛇行しながら流れる。この大きな谷のほぼ中央部に苗村神社は鎮座している。そしてそこに広がる集落の大半が、苗村神社の信仰圏を構成している。

苗村神社の歴史を簡単に振り返ってみよう。苗村神社には東西二つの本殿があり、境内

国宝に指定されている苗村神社西本殿

も県道を隔てて二つに分かれている。歴史的に古いのは東宮だといわれ、平安中期に編纂された延《えん》喜《ぎ》式《しき》明細帳に載る長寸《なむら》神社を当社に比定する説もある。また安和《あんな》二年（九六九）には大和金峯山《きんぷせん》より神を勧請し、これが西宮の創始と伝えられる。境内には国宝の西本殿のほか、東本殿・楼門・神輿庫など重要文化財の建造物が建ち並び、湖東を代表する神社の一つである。

　この苗村神社では近世以来、三十三年に一度、大規模な祭礼が行われてきた。この祭礼は正式には「苗村神社三十三年式年大祭」と呼ばれるが、本書では省略して式年大祭と呼ぶこととする。前回行われたのは昭和五十七年（一九八二）、その前は昭和二十五年（一九五〇）であった。この年代からもわかるように三十三年というのは三十三年目に行われるという意味である。この式年大祭が平成二十六年(二〇一四)十月十一日から十三日にかけて斎行された。式年大祭の実施にあたっては地元の皆さんによって大祭委員会が組織されているが、そのご依頼によって、われわれ滋賀県立大学人間文化学部の教員・学生がその調査にあたることとなったのである。ここでは本書のもととなった調査の経過を簡単に振り返ってみることとしたい。

式年大祭調査の依頼

私は民俗学を専門とし、滋賀県立大学に勤めてからは、滋賀県下のさまざまな祭礼を見学してきた。苗村神社についても、何度か訪れる機会がありそのたびに社殿や社叢《しゃそう》の見事さに感嘆してきた。しかし恥ずかしながら同社でこのような式年大祭が行われることは知らなかった。したがって私の研究室にお越しになった大祭委員会の方から式年大祭の概要をお聞きした時にも、どのようにこの祭りの調査を進めていいのかすぐにはアイデアが湧かなかった。皆さんのお話によると、式年大祭には三十余郷と呼ばれるたくさんの集落が参加し、ことに九村《くむら》と呼ばれるいくつかの集落が踊りや人形芝居、山車などを奉納するのだという。私がこれまで調査してきた祭礼はすべて毎年行われるものであった。このような祭りでは、ある年の状況はそのまま次年に継承されることを前提に調査を進めることができる。ところが苗村神社では三十年以上もその芸能は行われず、式年大祭の前に前回の資料を見たり、経験者が指導したりして芸能を仕上げていくのだという。また山車《だし》を出す集落では、式年大祭のために新たに山車を作り直すところもあるというお話であった。地元の人にとって一生に三度この大祭を経験できれば幸せだということだが、私たちの調査はまさしく一発勝負である。そんな状況で式年大祭をいかに調査すればよいのかが私の悩みであった。しかしながらこのように長い間隔を経て行われる祭礼は、古式にならって行われることを前提としてはいても、時代の変化を反映せざるを得ない。視点を伝承から変容へと移行すればそこには非常に興味深い世界が広がっているのかもしれない。とりあえず今回行われる式年大祭をありのままに記録し、三十三年後にこの祭礼に携わる未来の人々にとって有益な報告書を作成することを調査の第一の目標に据えることとした。その上で過去の大祭についても調査を進め、式年大祭が社会の変化の中でいかに伝承され、また変化をしていったのか、そして今回の大祭がどのように行われたのかについて分析することを第二の目標とした。

といってもこの式年大祭の中核になる集落だけでも十以上ある。私が一人で調査ができるはずもなく、早速ほかの教員に声をかけて調査のメンバーに加わってもらうこととした。

私が所属するのは人間文化学部というどちらかというと文系の学部の中の地域文化学科という学科である。地域文化学科からは東幸代《さちよ》（日本近世史）、武田俊輔（社会学）、横田祥子《さちこ》（文化人類学）の三名に参加してもらえることとなった。また同じ学部には人間関係学科という学科があり、社会学や心理学、教育学の専門家が所属している。この学科の先生にも声をかけた結果、細馬宏通《ひろみち》（会話・ジェスチャー分析）、丸山真央《まさお》（社会学）、中村好孝（社会学）、杉浦由香里（教育学）の四名にも調査に参加してもらえた。これに私を加えた八名が今回の調査の中心となった。

もちろんこの八名では調査は無理である。ご依頼があったのは平成二十五年（二〇一三）の十二月であったが、その時祭りの準備はすでに始まっているということであった。平成二十六年の春からは式年大祭の準備が本格化するので、それ以後約半年の間は各集落での準備の様子を詳細に観察し、また聞き取り調査なども進めていく必要がある。本番だけ調査すればいいというわけにはいかないのである。なるべくたくさんの学生の参加がなければ、各集落で別々に進行する準備から本番にかけての流れを記録することはできない。またこの調査では苗村神社や各集落で保存されている古文書や古写真なども調査することとしていたが、そのためにも多くの学生の参加が必要である。各教員が授業などで呼びかけた結果、合計で二十一名の学生がこの調査に参加してくれることとなった。

私が多くの学生の参加を希望したのには、ほかにも理由があった。滋賀県立大学では研究はもちろん教育面でもフィールドワークを重視している。今回の場合、お祭りのフィールドワークということになるが、それが必ずしも直接学生の卒業論文や就職に役立つわけではない。今回調査に参加した学生は大学院生から二回生までで、専門も考古学・民俗学・歴史学・社会学など多様であった。二回生などはまだゼミにも入っておらず専門分野も明確ではない。また二人の中国人留学生も含まれていた。

このように多様な学生たちであるが、このフィールドワークに真剣に取り組んでくれれば、彼らは必ず人間的にも大きく成長するであろうことを私は今までの経験から確信していた。フィールドワークの過程で、学生たちは多くの地元の人々と出会い、そのお話を聞き、行事の詳細を記録していくこととなるが、それによってコミュニケーション能力はいやおうなく鍛えられる。またこの過程の中でさまざまな疑問や課題を見いだしていく。調査が終われば膨大な調査ノートや写真・ビデオのデータを整理し、報告書の原稿の執筆や編集にいそしむこととなる。途中何度か学生による地元での報告会も予定していた。このような通常の大学の授業では得られない経験が、社会性や論理的思考力、粘り強さなどを育み、学生を大きく成長させていくのである。もちろんこれも学生の取り組み方次第ということではあるのだが。

調査の取り組み方

平成二十六年二月十四日には大学内の教室で初めての打ち合わせ会議を開催した。実行委員会からのアドバイスによって、調査は式年大祭の中心的役割を担う九村を中心に行うこととした。九村とは現在の竜王町を中心に所在する集落をもととした九つの組織である。少し迂遠な表現だが、そのような表現をせざるを得ないのには理由がある。現在九村と呼ぶのは島村・神部《かんべ》・殿村川守《とのむらかわもり》・殿村岩井・子之初《このは》内綾戸《うちあやど》・子之初内田中・奥村・川上村・駕輿丁《かよちょう》村の九つの組織である。島村は竜王町島、川上村は同じく川上のすべての家が加入しているのでこの村は集落の意味とも受け取れるが、他について多少の説明が必要だ。神部は竜王町鵜川のすべての家と同町駕輿丁のうち七軒が加入する組織である。また殿村は竜王町川守と同岩井の両集落の家から構成されているが、現在の式年大祭ではこの二つはほぼ別々に行事を行っている。ただ歴史的に見ると明治末までは川守には真村《しむら》（新村・志村と表記されることもある）というもう一つの組織があり、同じ川守でも家によって殿村・真村のどちらに加入しているのかは異なり、出し物も別々に奉納されていた。大正七年（一九一八）の式年大祭以降は真村がなくなって殿村に岩井・川守両集落のすべての家が加入して祭りが行われる形に変化したのである。このことから式年大祭でいう「村」とは単に集落を意味するのではなく、苗村神社のお祭りのために組織された特別な組織を意味していることがわかる。民俗学ではこのような神社祭祀組織を宮座《みやざ》と呼んできたが、九村とはまさしく九つの宮座の意味なのである。このように考えてみると子之初内もまた宮座の名であることがわかる。子之初内は苗村神社が鎮座する綾戸と田中の両集落によって組織されるが、奉納行事のうちころころこ踊りだけは両集落が共同で行う。また奥村は竜王町の林と庄、そして近江八幡市の浄土寺という三つの集落によって構成されている。奥村の場合には大半の行事は三集落共同であるが傘鉾《かさほこ》だけは集落ごとに製作される。駕輿丁村には竜王町駕輿丁集落の大半の家が所属しているが、先にも述べたようにそのうち七軒は神部のメンバーなので、正確にはこの七軒を除く駕輿丁の家によって構成されているのが駕輿丁村ということができる。

打ち合わせ会議では、調査団をA・B・Cの三班にわけ、A班は子之初内（綾戸・田中）と島村・駕輿丁村を、B班は岩井と川守および苗村神社や大祭委員会を、またC班は奥村（林・庄・浄土寺）と川上村・神部を担当することとした。B班は、古文書の調査も担当する。

学生もそれぞれの班に配属され、その中でさらに担当の村を持つ形で調査を進めることとなった。

実地調査本格化

四月になって新しい年度が始まると、地元での式年大祭の準備も、またわれわれの調査も本格化した。四月一日には調査団全体で初めて苗村神社を訪れた。この時に社務所で小野定章宮司から苗村神社や式年大祭について概略の説明をお聞きした。小野宮司とはその後何度もお会いしてご教示を戴くこととなるが、この時が我々と宮司さんとの初めての出会いであった。そのあと大祭委員会の川部定剛さんのご案内で林集落のある家を訪問した。この家では友實《ともざね》富義さんという藁細工の名人が巨大な龍を製作中であった。この龍は駕輿丁村が出す慶龍山《けいりゅうざん》という山車の屋根に載せるものだという。前回使ったものは三十三年の年月のためにぼろぼろになっており、駕輿丁村からの依頼で友實さんが龍を作っていたのである。われわれから見るとすでに完成しているかに見える龍であったが、友實さんはまだまだだとおっしゃり、そのあとも作業を続けられた。学生も真剣に見学をしていたが、この段階ではまだ大半の学生は地元の方々に自分から質問を投げかけることはできないようであった。

製作中の龍について学生たちに説明する友實さん

苗村神社では年間いくつもの行事が行われているが、四月二十日の例祭と五月五日の節句祭りはとくに重要な祭りである。これらの祭りでも先に述べた九村が主体となるため、調査団ではその見学を行った。私はこの例祭では川守の行事を観察した。当屋《とうや》とよばれる当番の家で大規模な宴会があり、そのあと当屋宅から苗村神社へ行列が進む。当屋は白い衣装で馬にまたがる。いかにも古風な湖東の祭礼である。この日は残念ながら雨天のため、苗村神社から岩井にある御旅所《おたびしょ》への渡御《とぎょ》は中止となり、御旅所は神社近くの小広場に変更された。五月五日の節句祭りでもやはり当屋宅から苗村神社への御渡りがある。また神社では楼門の前の長い馬場で、流鏑馬《やぶさめ》などの馬駆け行事が行われた。

平成26年４月20日春の例大祭。川守から苗村神社へと渡御を行う

お囃子《はやし》の稽古や、山車の製作などはすでにこの時点ではじまっていたが、夏休みになると子どもたちの芸能の稽古も開始された。われわれが竜王に赴く回数も増え、お囃子の稽古などは夜に行われるため帰宅の時間が遅くなることもたびたびであった。教員が行けない時には学生たちだけで現地を訪問することもあった。このころには学生たちもようやく調査に慣れてきたようだった。地元の皆さんの中にも次第に顔見知りが増え、調査で得られる情報も増大し、写真や動画のデータを保存するため容量の大きなハードディスクが必要となった。少し間隔をおいて調査地を訪れると、山車が完成に近づいていたり、最初は笛の音を出すのにも苦労していた若者たちのお囃子が随分上手になっていたりして驚かされることもあった。

八月二十六日には竜王町の中央公民館で、大祭委員会主催の三十余郷・九村の関係者を集めた全体説明会が開かれた。広いホールは出席者で満席となり、主催者は慌ててイスを追加することとなった。ここでは当日の詳細な式次第が示され、それに対して会場から質問が次々と発せられた。ことに参加者の衣装に対する質問が多く、ほとんどの人が未経験の大祭に対する不安が感じられた。このような全体説明会のほか、大祭委員会では部門ごとの会議が毎日のように行われ、大祭の準備は着々と進められていった。

九月後半、各集落にはアーチや旗が建てられ、大祭の近づくさまが視覚的にも感じられるようになった。多くの集落では芸能や行列の際の衣装を新調したり、レンタルしたりしているが、その着付けの講習なども集会所などで行われた。今回の大祭は、時代の流れに対応して前回とはいくつか異なる点があるが、ことに大きな違いは御旅所の場所であった。これまでの大祭や例祭では日野川左岸の岩井地先の場所が御旅所となっていた。ところがその近隣の工場が閉鎖され解体工事が行われたり、駐車場の確保の面などから御旅所の変更が議論され、神事そのものは岩井の御旅所でも行うが、日野川の対岸にある農村運動公園というグラウンドが今回の大祭の御旅所とされたのである。大祭では数百メートルにおよぶ行列が苗村神社と御旅所の間を往復し、これが大きな見せ場となっているが、御旅所の場所が変更されたために渡御のルートも変化することとなった。ことに問題となったのは大きな山車が日野川の堤防を登り、橋を渡ることが可能かということであった。大祭委員会では事前に試し曳きを行ったが、殿村川守でも大祭の前週にあたる十月五日に、完成した山車を引いて農村運動公園まで試し曳きを行った。山車は無事に堤防を登り関係者は胸をなでおろした。川守ではこの日集落内の広場で衣装を着けた状態でせんぎり囃子の演奏や猩々《しょうじょう》踊りが行われ、近づく式年大祭の雰囲気を盛り上げた。

式年大祭中、われわれ調査団は各集落での出発準備から調査を開始し、行事終了後集落に帰り、そのあとの片づけや直会《なおらい》についても可能な限り調査する予定であった。そのような調査によって祭りに関わった人々の動きを全体として記録したいと考えたためである。調査は早朝から夜まで長時間に及ぶこととなり、ぜひとも竜王町近くに宿泊することが必要であった。幸いにも大祭委員会の皆さんのおはからいによって、農村運動公園に隣接する妹背《いもせ》の里のバンガローをお借りすることができ、学生はここで宿泊することとなった。教員は竜王町にほど近い近江八幡のビジネスホテルに宿を確保した。大祭一日目の行事も早朝から始まるので、我々は前日から宿泊することとなった。また調理をする時間的余裕がないので、朝と夜はコンビニなどで弁当を調達し、昼は大祭委員会でご用意いただいた弁当をいただくこととなった。私のように五十歳を過ぎた者もいる教員たちにとっては、この食生活が三日間続くことは少々きついが、頑張って乗り切るしかない。

宿泊箇所から調査地となる集落までは随分と距離がある。行事の中での移動距離も長い。教員は数台の自家用車に分乗することとしたが、二十名を超える学生の移動手段が問題である。滋賀県立大学は駅から随分離れた場所に立地しているので、学生の大半は自転車を利用している。そこでこれも大祭委員会の方にトラックを運転していただき、学生の自転車を大祭前日に宿舎となる妹背の里に運搬した。また大祭中の行事を記録するビデオやカメラ、三脚などの調査機材も人数が多いだけに大変な量となったが、これらも教員の車に積み込み妹背の里に搬入した。式年大祭前日、われわれ調査団全員とその荷物が妹背の里に到着した時には、夜も九時になっていた。その後、ビデオの扱いに慣れた細馬先生から学生たちに撮影の講習などがあり、簡単な打ち合わせのあと、教員は宿舎のホテルへと向かった。あとは学生たちの頑張りに任せるしかない。自転車や機材の搬送で疲れ果てた私はホテルについて風呂に入るとすぐ深い眠りに落ちた。

前夜からの天気予報は台風の接近を伝えていたが、式年大祭本番の十月十一日の朝、空は晴れわたっていた。予想外の好天の下、苗村神社三十三年式年大祭は幕をあけたのである。

式年大祭の歴史を探る

滋賀県立大学人間文化学部　准教授　東　幸代
滋賀県立大学人間文化学部　准教授　杉浦由香里

古文書調査班の発足

「長い間隔を経て行われる祭礼は、古式にならって行われることを前提としてはいても、時代の変化を反映せざるを得ない。視点を伝承から変容へと移行すればそこには非常に興味深い世界が広がっているのかもしれない」――あの日、市川秀之調査団長の魅力的なこの言葉にのせられたわれわれ歴史研究者両名は、祭礼史研究に従事した経験などほとんどないにも関わらず、調査への参加要請を受けいれた。三十三年ごと、かつ四百有余年にも及ぶ長いタイムスパンで変容を解明するのは、歴史学の得意とするところであり、引き受けないわけにはいかないと思ったからである。

もちろん、単純な好奇心もあった。式年大祭には、「古式」ということばが冠される。「古式」の内実とは何か。また、「古式」がいつ成立するのか、現代に至る過程で変化している部分があるのかないのか。知りたいことが山のようにあり、そのためには、式年大祭関係の古文書をできるだけ多く探し出す必要があった。

ゼロからの出発

古文書調査を担当して式年大祭の歴史を探ることになったものの、われわれは竜王町を自らの研究対象にしたことがないため情報が乏しく、ましてや式年大祭のイメージは皆無であった。古文書がどれくらいあるのか見当もつかない。ゼロからの出発である。

まずは、苗村神社と氏子圏の様相を理解すべく、苗村神社の春の例祭や節句祭の見学に寄せていただき、小野宮司や氏子の方々のお話をうかがったりしながら、地域イメージをふくらませていった。また、苗村神社神事に関連して各集落で行われる行事も見学させていただいた。その際、鋭く(?)目を光らせて、公民館に集落の古文書写真等が飾られていないかなどをチェックしたり、集落によっては古文書の虫干しを行っているという情報を得たりした。式年大祭そのものについては、準備に従事する方々のお話をうかがい、古文書を分析する際のベースとなる地域情報や式年大祭情報を少しずつ蓄積していった。

古文書調査スタート！

式年大祭に関する古文書は、『近江蒲生郡志《おうみがもうぐんし》』や『竜王町史』にごくわずかだが収録されている。今回の調査では、それらを含めて悉皆《しっかい》的に関係古文書を調査することを目指した。これまで行われてきたとされる各式年大祭の開催の事実を、古文書の現物の存在によって確定しようと考えたのである。ただ、悉皆といっても、式年大祭当日までの時間は限られており、優先順位をつける必要があった。まずは小野宮司のご協力のもと、苗村神社所蔵文書の調査を行い、その後、式年大祭終了後までを見通して、九村《くむら》の区有文書や個人所蔵文書の調査を行うこととした。

学生らの助力を得ながら行った苗村神社文書調査では、中世文書から昭和五十七年（一九八二）式年大祭の写真に至るまで、閲覧させていただいたものはほぼ全点を写真撮影した。そして、データをまとめた上で、東が近世史、杉浦が近現代史という、それぞれが専門とする時代の古文書等の読解に取り組み始めた。ところが、『近江蒲生郡志』に翻刻掲載されている寛文二年（一六六二）式年大祭の古文書をどうしても見いだすことができな

古文書の撮影を行う教員と学生たち

い。この古文書は、当時の苗村神社の神職が、①式年大祭開催日、②九村渡御の順番・行列構成、③御旅所桟敷《さじき》の次第を定めたもので、式年大祭の執行についてのいわば公式文書といえ、重要文書である。なんとしても見つけたい。

ある日、滋賀県立図書館が古い時期に撮影した県内の古文書写真を所蔵していることを思い出し、調査に行ったが、そこに当該の古文書写真はない。困っていたところ、東京大学史料編纂所が、かつて本県で中世文書を中心に古文書の調査活動をしていたことを思い出し、一縷《いちる》の希望を抱いて東京へ向かった。そして、配架されていた「苗村神社文書」写真帳の中に、『近江蒲生郡志』掲載古文書の写真を見つけたのである。この古文書には、当時の神職の印が押されており、原史料であることが確認できた。

式年大祭の開始は?

喜びもつかの間、今度は、寛文式年大祭以前の大祭の開催を証明する必要が出てきた。苗村神社では、慶長四年(一五九九)に式年大祭が三十三年に一度になったと言われているが、少なくともわれわれが調査した苗村神社文書の中には、慶長期と寛永七年(一六三〇)と推定される第一回・第二回の式年大祭に関する古文書が見当たらなかったためである。古文書がないからといって、式年大祭が開催されていないわけではない。しかし、古文書がないと、開催されたと断言することも難しい。何か情報がないかと探しまわっていたところ、『淡海温故録《おんころく》』という江戸時代の地誌を見つけた。その記述内容によって、元禄《げんろく》式年大祭(一六九四)以前に三度の式年大祭が開催されていたことがわかり、胸をなでおろした。

これ以降も、古文書があるという情報を得ては各集落や個人宅を訪問し、学生らとともに写真撮影を重ねていった。また、現地での古文書調査だけでなく、国立国会図書館や金沢市立玉川図書館近世史料館などにも足を運び、関連する情報を収集した。もちろん、現地に残る古文書の現物が、もっとも雄弁に在りし日の式年大祭の様相を語ってくれる。朝から一日がかりの調査もあったが、快く閲覧をお許しくださり、調査にお付き合いくださった各集落の方々や、所蔵者各位のおかげで、次第に「古式」祭礼の姿が明らかになってきたのである。

式年大祭の開催年

これまでの調査では、寛文式年大祭に関する古文書は、前述の苗村神社文書一通しか見つかっていない。しかし、それ以降の式年大祭に関しては、竜王町内の各集落に関係古文書が残されており、時期が降《くだ》るにしたがって、その数は増していく。寛文式年大祭の後は、元禄七年（一六九四）、享保《きょうほう》十一年（一七二六）、宝暦《ほうれき》八年（一七五八）、寛政《かんせい》二年（一七九〇）、文政五年（一八二二）、嘉永《かえい》七年（一八五四）の各式年大祭の関係古文書が残されていることがわかった。慶長期、寛永《かんえい》期の式年大祭を合わせると、前近代の式年大祭は計九回行われたことになる。

また、近代以降は、明治十九年（一八八六）、大正七年（一九一八）、昭和二十五年（一九五〇）、昭和五十七年（一九八二）の開催を経て、平成二十六年（二〇一四）まで引き継がれてきた。

前近代までの九回を合わせると、平成式年大祭は第十四回目の開催となる。

古文書の存在によって、式年大祭が三十三年ごとに連綿と続いてきたことが改めて証明された。古文書を書き残してくれた先人たち、さらにそれを現代まで大切に守り伝えておられる地域の方々のおかげである。

式年大祭の今と昔

集めた古文書を時代ごとに整理してみると、式年大祭が時代とともに変化してきたことが次第にわかってきた。そこで、式年大祭の歴史を振り返り、今と昔を比べてみることにしよう。

【公式開催日は一日だった】

平成大祭は十月十一日～十三日の三日間にわたって盛大に開催されたが、なんと前近代における大祭の開催日は一日にすぎなかった。大祭は、九月の二、三、四日のいずれか一日に設定されており、その日に渡御行列などの神事が行われていた。その前後の日にも各集落の神社で神事などが行われていたようだが、苗村神社の公式神事はあくまで大祭日の一日のみであった。それでは、いつから大祭日が三日間となったのだろうか。

それは大正大祭からである。大正大祭より大祭の開催日は三日間に及ぶこととなり、一日目を幣帛《へいはく》共進式、二日目を神幸式、三日目を終了奉告式とする形が整えられた。大正大祭は、十月十二日〜十四日に開催されたが、これは従来の大祭開催日が「古来旧暦九月八日ニ執行シアリ」と伝承されたことに由来する。つまり、旧暦の九月八日にあたる十月十二日が大祭開催日として選定されたわけである。こうして、大正大祭を起点として、新暦十月十二日辺りの三日間を大祭開催日とする新たな慣行が生まれた。

ところが、われわれが調査した範囲では、これまで九月八日に大祭が開催された記録は見当たらない。なぜ「古来旧暦九月八日ニ執行シアリ」と伝承されることとなったのか、謎は残されたままである。

【渡御行列と「古式」催しの継承と変化】

次に、渡御行列と大祭における催物の継承とその変化についてふれてみたい。

九村による渡御行列と「古式」催しの披露は、大祭の一大目玉である。集落ごとのきらびやかな装いは、祭り気分を大いに盛り上げる。華やかなお囃子が耳を楽しませ、かわいらしい子どもたちの踊りが目を楽しませてくれた。とくに、大祭を彩る五基の山車、「八幡山《はちまんやま》」「春日山《かすがやま》」「三輪山《みわやま》」「白鷺山《しらさぎざん》」「慶龍山《けいりゅうざん》」は圧巻で見物客を魅了する存在であった。これら五基の山車は、寛文大祭から平成大祭まで変わることなく受け継がれてきたものの一つである。他方で、寛文大祭の公式文献には、「せきりはやし」などお囃子の記載は見られるが、踊りについての記述がない。ただし、各集落に残る文献を見ると、前近代でも踊りが行われていたことが記されている。

九村による渡御行列の骨格は、寛文大祭以来の形式をほぼ踏襲しており、各集落内部の行列構成や奉納とその名称に大きな変化は見られない。平成大祭の九村渡御行列全体を概観すると、行列先頭部に馬、行列中ほどに甲冑武者、後部に山車五基という順に配列されていたが、これも前近代以来の形を引き継いでいるといえる。とはいえ、馬の頭数や甲冑武者の人数は、前近代に比べるとだいぶん少なくなったようである。

他方で、式年大祭において特別な役割を務める九村の構成には変化が生じている。平成大祭における九村渡御の順番は、①島、②神部（鵜川・駕輿丁）、③殿村川守、④殿村岩井、⑤子之初内綾戸、⑥子之初内田中、⑦奥村（浄土寺・林・庄）、⑧川上、⑨駕輿丁であり、九村の構成集落は、①～⑨の九つであった。一方、寛文大祭の記録までさかのぼると、九村および渡御順は、①葛巻村《かずらまき》、②嶋村、③鵜川村、(嶋村のせんにち渡)、④殿村、⑤綾戸村、⑥新村、⑦三ノ村、⑧川上村、⑨駕輿丁村となっており、平成大祭とは若干異なる。このように九村の構成に変化が見られるようになったのも大正大祭以降のことであった。大正大祭から九村渡御の一番を務めていたはずの葛巻村の名前が見られなくなる。また、昭和二十五年の大祭より殿村が川守と岩井に分離し、廃絶した新村の「古式」催しを川守が引き継ぐ形へと変化した。

【御旅所の桟敷と来賓の変化】

平成大祭の御旅所は、川守の農村運動公園であったが、前近代の御旅所は、岩井の川原にあり、ここには、奉納を見物するための桟敷が設けられた。御旅所の地ならしは余郷からも人手を借りて協力しながら行われてきた。岩井川原での九村の桟敷は、位置や広さが前近代を通じて固定されていたようであるが、余郷の席は、年によって場所の変更が若干見られたり、間口の広さが変化したりする場合があった。

また、平成大祭では、御旅所の祭祀場に隣接して「鵜川殿」用の桟敷が設けられていたが、前近代には、鵜川殿以外に「葛巻殿」や「吉田殿」など家名と思われる名称を冠した桟敷が他にも数席設けられていた。鵜川氏は、中世以来この地に続く土豪の家筋であるため、葛巻氏や吉田氏も同様に土豪として桟敷を用意されていた家々の可能性がある。しかし、既に江戸時代の段階で、「鵜川殿」以外の家名入り桟敷は本来座すべき主体を失っており、岩井集落や川守集落の「預かり」となっていた。このような桟敷の一部には、この地域を治めていた幕藩領主の役人が座ることもあったようである。

こうした来賓の顔ぶれも近代に入って大きく変化した。大正大祭からは、滋賀県知事をはじめとする県や郡、町村の役人や、貴族院・衆議院議員、県会・郡会議員、警察署長、小学校長、新聞記者など多彩な顔ぶれが来賓として参列するようになったのである。また、従来、桟敷は御旅所に設けられるものであったが、大正大祭より苗村神社境内にも桟敷が設営されるようになり、本殿の拝殿前でも「古式」催しが披露されるようになった。

【新たな催物の登場】

平成大祭では、九村の「古式」催し披露以外にも、余郷の山之上の「長刀踊り」、子ども神輿や稚児行列、餅まきなどさまざまな催物が連日行われ、大祭を賑やかした。このような催物は近現代に入ってから新たに加えられたものである。

昭和二十五年の大祭では、「今回限り」の特例として山之上と宮川による「古式」催物が披露された。平成大祭でも山之上の「長刀踊り」が披露されている。

さらに、餅まきと稚児行列は、昭和五十七年の大祭で重要文化財に指定された楼門《ろうもん》等の竣工祝賀の記念行事として実施されたものである。同年の大祭では、新たに子ども神輿や竜王町主催の太鼓行事交歓会も開催されている。近現代に至り、回を重ねるごとに大祭の娯楽的要素が強まってきたともいえる。

「古式」催しの継承と今後の式年大祭

江戸時代の間、「古式」催しはどのように継承されていったのだろうか。各式年大祭に際して、寛文式年大祭と同内容の公式文書が苗村神社神職の名において発給され、各集落ではそれを写し取って準備を進めたようである。九村渡御行列や御旅所桟敷に関する「古式」催しは、こうして継承されていったと考えられる。また、前回の式年大祭のことを調べるために、村役人が集まって先規を確認し合ったり、古老に聞き取りを行ったりするなど、「古式」催し継承の作業を行っていることが記録されている集落もあった。

式年大祭当日の三日間、東は岩井集落に、杉浦は川守集落に付き、学生たちとともに祭礼の記録に従事した。学生たちは、懸命に調査してきた各集落の晴れの姿を目にし、感無量であったろう。しかし、われわれには感慨にひたっている暇はなかった。これまでの古文書調査から得た「古式」祭礼のイメージと、目の前で繰り広げられる現代の祭礼絵巻との共通点・相違点の検証を、頭の中で行わなければならなかったためである。「古式」の連続性や変化の具体例は、前述した通りである。

式年大祭は、三十三年という年月を幾度も跨ぎながら、今日まで引き継がれてきた。時代を重ねるごとに少なからず変化が生じているものの、こうした営みを後世へと継承していく努力が式年大祭を盛大に発展させてきたといえよう。今後、式年大祭はどのような変貌を遂げるのか、三十三年後が楽しみである。

コラム

鵜川家の桟敷

滋賀県立大学人間文化学部　四回生　村川貴哉

私は平成二十六年（二〇一四）の苗村神社三十三年式年大祭の調査において、鵜川集落および鵜川家についての調査を担当した。

鵜川家は中世から近世にかけてこの地で大きな影響力を有していた土豪の家系で、現在でも祭礼時などに重要な役割を担い、特別な待遇で扱われることが多い。

このような鵜川家の特殊性を表す具体例として鵜川家の桟敷がある。そこで本稿では、特にこの鵜川家の桟敷を取り上げて紹介していきたい。

鵜川家の桟敷とは大祭二日目の渡御の際に、行列の目的地となる御旅所に設置される特別な観覧席のことである。かつては鵜川家以外の桟敷も存在したが、現在では鵜川家の桟敷のみ継承されている。

この観覧席は通称「鵜川殿」と呼ばれており、鵜川家の人々は御旅所に到着した後、この観覧席に移動する。天井からは鵜川家の家紋である九曜紋《くようもん》が染め抜かれた紫色の垂れ幕が掛けられている。鵜川家所蔵の古文書によると江戸時代の桟敷にも家紋幕が広げられていたようである。

鵜川家の関係者は御旅所に到着後、この「鵜川殿」で、各集落の奉納を観覧しつつ、宴席を催す。この際、鵜川家直系の一族および親族の男性は食事を行いながら、挨拶に訪れた大祭関係者たちをもてなし、女性たちの多くは給仕などを担当する。

鵜川家の人々が壮麗な衣装を身に纏《まと》い、優雅に芸能を鑑賞する様子は、本物の武士の宴席のようであった。また、桟敷の周囲は大祭関係者や観光客で常に賑わい、祭りの見どころの一つとして彩りを加えていた。

数百年にも及ぶ長い歴史を持つ苗村神社三十三年式年大祭において、かつての土豪の面影を感じさせる鵜川家の桟敷は、祭りの長い歴史と伝統を象徴する特別な存在なのだと思う。

農村運動公園に設置された鵜川家の桟敷

式年大祭を支える組織

滋賀県立大学人間文化学部　教授
市川秀之

一生一度の祭り

当事者にとって三十三年に一度行われる式年大祭は、ほぼ一生一度の大仕事である。数千人の人がそのために動き、数万人の人がそれを見るために集う。各集落での動きは他章で取り上げられるため、ここでは式年大祭の全体に関わった人と組織に焦点を絞り、祭りがいかに準備されたのかを述べることとしたい。

宮司とその一家

式年大祭の神事の面での中心となるのはいうまでもなく苗村神社の宮司である。今回の調査では宮司ご一家にはいろんなお話をうかがったり、神社所蔵の古文書を拝見させていただいたりいろいろとお世話になった。その機会を通じてこれまでほとんど知ることのなかった神職の世界を垣間見ることができたのも幸いであった。

現在の苗村神社の宮司は小野定章《さだあき》氏である。定章氏は昭和三十七年（一九六二）生まれで、皇学館大学の学生時代に前回の式年大祭（昭和五十七年）を経験している。その後、県内の神社に奉仕し、数年前に苗村神社の宮司となった。苗村神社には毎年春祭りや節句祭り、夏祭りをはじめとする多くの行事がある。また同社の宮司はほかに三十余郷の神社の宮司を兼務していることもあって、各集落の神事もつかさどっている。これに大祭の準備が加わるのでここ数年小野宮司は非常に多忙であった。

前回の大祭の時に宮司を務めていたのは、定章氏の父小野定親《さだちか》氏である。昭和九年（一九三四）生まれの定親氏は、前々回（昭和二十五年）の大祭にも参加し、前回の大祭では斎主《さいしゅ》を務めた。現在もお元気で名誉宮司として今回の大祭にも三回目の参加をされている。定親氏の後継として、定章氏が宮司となったのは平成二十五年（二〇一三）で、これは近づく大祭に対応するためでもあった。宮司にとっても大祭は一世一代の大役なのである。宮司就任以後、小野宮司は大祭委員会のメンバーと連携を取りながら大祭の準備を進めてきた。また小野宮司の夫人は普段から苗村神社や兼務社の神事に忙しい宮司を補佐しているが、式年大祭では十二日の行列に加わり、また十三日の大祭終了奉告祭では拝殿で浦安の舞を舞うなど神事の面でも大活躍であった。定章宮司の息子の定紀《さだのり》氏はまだ学生であるが今回の式年大祭には前導所役として神事に加わっている。次回の式年大祭では定紀氏が中心となって神事が執行されることだろう。式年大祭は宮司一家のライフサイクルとも連動しながらその歴史を刻んできたのである。

奉賛会

式年大祭の準備は随分以前から始められているが、全体を差配する組織としては、平成十九年(二〇〇七)十月の苗村神社式年大祭奉賛会《ほうさんかい》(以下「奉賛会」)の設立がスタート地点となった。奉賛会は大祭に先立って境内の整備を進め、また資金集めをすることを目的とする。

奉賛会が関わった大きな行事としては、重要文化財である不動明王像の収蔵庫の建築や、幣殿《へいでん》・拝殿・本殿周囲の玉垣の改修、参集所の屋根の塗り替え、東本殿の参道整備などがあった。不動明王は境内の南東角にある古い堂に安置されていたものである。苗村神社の境内には近世には仏教の庵室《あんしつ》があり、不動明王はそこでまつられていた。明治初期の神仏分離に際して庵室は廃されたものの、堂と仏像はそのまま残されていた。この堂の老朽化や見えにくい場所にあることから今回文化財としての保存環境が整った収蔵庫が整備された。収蔵庫といっても外から像を見ることができる構造になっており、大祭の際には扉があけられ不動明王像は公開された。

これらの工事のほか、大祭の直前には馬場の前にある駐車場が整備された。また苗村神社の祭礼では、楼門に入る時などに「雲生《うんしょう》、井戸掛《いどかけ》、大穂生《おおぼしょう》、惣禮詣與下露《それもよかろう》」という唱えごとが発せられる。これは「雲より生ずる恵みの雨をたのみとし、いたる所の荒地や田の頭に溜井戸を作り、水を汲み上げて大きな稲穂が育つよう、惣(村中)が神に詣でて、露でも天から水を与えてほしい」という意味だという。苗村神社と農業用水の強いつながりが感じられる文句であるが、この文字を刻んだ石碑も楼門の横に奉賛会役員の寄進によって建立されている。

大祭委員会

平成二十四年(二〇一二)、奉賛会を母体として、式年大祭の実務に当たる苗村神社三十三年式年大祭委員会(以下「大祭委員会」)が組織された。この大祭委員会が今回の式年大祭の全体的な執行を担うこととなった。大祭委員会は委員長一人、副委員長四人と、七つの委員会の役員などによって構成される。委員長は竜王町で古くから牧場を営み近江牛料理で有名な料亭を経営する森嶋治雄氏が務めた。同氏の祖父も前々回の式年大祭では委員長を務めている。副委員長四名はそれぞれ総務、儀式・行事、広報・安全警備、来賓を担当した。また大祭委員会内には七つの委員会がおかれている。大祭の当年にあたる平成二十六年（二〇一四）一月の正副委員長・各担当委員合同会議では各委員会の代表者が次のような項目について報告を行っている。各委員会の仕事の内容とともに大祭委員会の仕事の全容がよくわかるのでここに掲載しておこう。

総務委員会報告事項　境内、御旅所のテント設置計画・奉納行事計画・記念植樹・観光バスの受け入れ
会計委員会報告事項　大祭予算案作成・特別寄進札設置・大祭記念品
儀式委員会報告事項　各自治区氏神の依頼と社名旗制作・儀式の時間設定と式場制作・神輿や子ども神輿の奉納
行事委員会報告事項　九村山車、奉納踊りの調整・餅まき行事の依頼と計画・稚児行列参加募集

来賓委員会報告事項　来賓、招待者の名簿作成・賄い奉仕者と巫女募集・大祭役員の弁当計画
広報宣伝委員会報告事項　大祭チラシの配布状況・大祭ポスターの製作計画・吹き流し寄進者依頼と設置計画・大祭ホームページの製作
安全警備委員会報告事項　渡御のコースと神社周辺の通行規制・駐車場確保計画・交通警備と危険個所点検・シャトルバス運行計画・大祭事前看板と通行看板の設置計画・仮設トイレ設置計画

これは大祭委員会がこなした仕事のごく一部であるが、それを見るだけでも大祭委員会の仕事の多様さを知るができる。またこれらの委員会のほか、大祭委員会には幹事が設けられ三十余郷の自治会長が就任している。これとは別に九村委員会も設けられ、これには各集落の大祭実行委員長が就任し、大祭委員会と三十余郷・九村との連絡調整が図られる構成となっている。大祭委員会は総勢一三〇名という大規模な組織となり、これが中心となって大祭の準備が進められたのである。

6月20日の総会で前回のビデオを見る

総会

大祭委員会では毎年総会が行われていたが、大祭当年の総会は平成二十六年（二〇一四）六月二十日十九時半から苗村神社の社務所で開催された。この時には冒頭で前回の式年大祭についてのNHK特集番組のビデオが映された。この年の四月より本格的に調査に参加したわれわれ滋賀県立大学のメンバーにとってもこの放映は大祭のイメージを知るうえで非常にありがたいものであった。この総会は奉賛会の総会も兼ねたものであり、最初に奉賛会の事業報告として、宮司の交代や先に述べた石碑の建設や神輿の修理などについて報告された。

ついで大祭委員会の総会へと移ったが、ここでの各委員会からの大祭の説明については多くの質問が出た。ことに三十余郷の代表から、当日の到着時間や三日目にあたる十月十三日の三十余郷の参加についていくつか質問が出された。苗村神社の例年の祭礼は九村だけで行われており三十余郷は参加しない。ところが式年大祭については、芸能奉納などは九村が中心に行うものの、神事などには三十余郷も参加することとなっている。このような違いもあって三十余郷の人々の間には多少の戸惑いが見受けられた。また各集落を代表して参加する人々の服装についても質問があった。

私が後ろの席で総会の様子を見学していて少し驚いたのは、大祭の餅まきと稚児行列に対する非常に綿密な準備ぶりについてであった。餅まきは大祭一日目、二日目の夕方、馬場の広場で行われることになっていたが、それと別に各集落には餅の購入に関する文書が回されていた。また三十余郷の代表者は他の行事に参加しているため餅まきに参加できないので餅を別に渡す手配もされていた。また稚児行列は十三日に行われるが、募集をしたところ一人につき六〇〇〇円の着物レンタル料などが必要であるにも関わらず予想を上回る希望者があったことなどが報告された。餅まき・稚児行列とも四〇〇年の歴史を誇る式年大祭の中では新しい要素だが大祭の大きな要素となってきていることが感じられた。

竜王町立公民館のホールで行われた８月26日の全体説明会

全体説明会

この総会で大祭の概要が決定されたが、その後も各部会では議論が続けられた。そして大祭もいよいよ迫り、九村では踊りの練習や山車の準備が佳境に入っていた八月二十六日夜、竜王町立公民館のホールで全体説明会が行われた。これには九村や三十余郷の代表者合計一二〇名余りが参加した。最初に大祭委員会より、大祭のスケジュールや境内・御旅所でのテントなどの配置、渡御や奉納催しの次第、休憩所や特産物販売の位置、交通規制などについて原案が報告された。それに対して質問が多く出され、説明会が終了した時には十時前になっていた。

さまざまな質問があったが、もっとも多かったのはやはり参加者の衣装についてであった。稚児行列の保護者は説明では正装となっているが、これはモーニングか黒のダブルなのか、あるいは渡御の時の役員の服装はどうすればいいのかといった質問が次々に出された。前回の大祭からは年月が経ち羽織袴《はおりはかま》を持っていない人も多くなっている中で、衣装をどうするのかは参加者共通の悩みであった。そしてこの悩みは大祭初日の神事・直会などへの招待状を頂戴していた筆者についても同様であった。また山車や芸能を奉納する九村からは山車は楼門から入るのか、芸能の奉納時間は、といった質問が出された。さらに三日間の弁当が必要かという質問もあった。参加者の数が多いため弁当の用意などについても各集落の役員たちは頭を悩ませていた。

今回の大祭では二日目に九村のほかに山之上（竜王町）が長刀《なぎなた》踊りを奉納することとなっていた。長刀踊りは山之上の少年・青年による長刀振りで、毎年五月の山之上・宮川（東近江市）の祭礼で披露されている。国選択無形民俗文化財にもなっている竜王町を代表する民俗芸能で、昭和二十五年・五十七年の大祭でも奉納されている。山之上の薙刀《なぎなた》祭保存会の会長からは、御旅所の寸法、最後の仕舞い振りをする神社境内の寸法、長刀振りの一行は歩いてくるのかなどさまざまな質問が出された。例年地元の神社や参道で奉納している芸能を式年大祭では仮御旅所となる広い運動公園で披露するのであるから、どのように調整を行えばよいのか保存会長は随分と悩んだようである。結果的には十月十二日、一〇〇名を超える山之上の若者たちは見事に長刀踊りを奉納し、式年大祭を盛り上げた。

大祭直前

九月に入ると実行委員会のメンバーはより細かな調整に飛び回ることとなった。ことに今回の式年大祭で大きな問題となったのは自動車対策であった。前回大祭と比較して、苗村神社や御旅所周辺での自動車の交通量は格段に増大している。九月二日には三井アウトレット滋賀竜王に対する説明が行われた。同店は平成二十二年(二〇一〇)に開店した大型ショッピング施設で休日には遠隔地からも多くの人が訪れるのだが、式年大祭の時期にちょうどバーゲンセールが予定されていたのである。また祭りの参加者や見物客の駐車場も大きな問題で、警察や竜王町役場とも交通規制や公共施設での駐車場確保についてたびたび協議が行われた。九月二十四日には総務委員会が竜王小学校ほか、全部で十ヶ所用意された臨時駐車場予定地をまわり、駐車台数の確認を実施している。

九月後半からは大祭にむけての奉仕作業も開始された。九月二十七日には御旅所や苗村神社の草刈りや立木の剪定、また二十八日には看板設置などが行われ、苗村神社周辺では視覚的にも大祭ムードが高まってきた。十月四日には神社境内などで仮設テントの設置が

大祭直前の広々とした境内。翌日からここで大祭のさまざまな催しが行われた。

行われている。

十月三日には社務所で九村による奉納催し会議があり、最終的なスケジュール調整が行われたが、このころから当日の天候が大きな課題として浮上してきた。大祭前週の十月五日には台風十八号が到来し、天気予報では大祭前後に次の台風が到来することが予想されたのである。台風への対策に頭を悩ませながら、十月六日から大祭委員会のメンバーは連日社務所に詰め、交通案内看板の設置や大祭のシナリオ作りなど細かな準備作業を行い、大祭前日の十日にはそれらの準備もほぼ完了した。この日、竜王町立公民館の大ホールでは稚児行列のための着付け講習会が開催され、各集落で着付けを担当する人が講習を受けた。

このようにさまざまな人や組織に支えられながら、十月十一日、苗村神社は式年大祭の日を迎えたのである。

竜王町の近年の概況

滋賀県立大学人間文化学部　准教授
丸山真央

苗村神社は、琵琶湖の南東に広がる湖東平野の南部、蒲生郡竜王町綾戸にある。「九村」「余郷」と呼ばれる氏子区域は、竜王町内を中心に、隣接する近江八幡市や東近江市などにも広がっているが、その多くは竜王町に含まれる。

竜王町は、面積約四十四平方キロメートル、人口約一万二〇〇〇人。湖東の米どころであり、名高い近江牛の本場として知られてきた。また、大手自動車メーカーの巨大工場が立地し、近年では、名神高速道路の竜王インターチェンジに隣接して大型アウトレットモールができるなど、その相貌を大きく変えつつある。

本章では、苗村神社式年大祭の舞台であると同時に、祭りを支える氏子の人々が暮らす竜王町の近年の様子をみていこう。

竜王町の成り立ち

私たちが苗村神社を訪れる時、その交通手段は主に自家用車やJR近江八幡駅からの路線バスであった。竜王町内には鉄道が通っておらず、町民の交通手段はもっぱら車である。町の北部を横切る旧中山道《なかせんどう》（国道八号）を折れて、田園地帯をしばらく行くと、町役場や公民館のある竜王町の中心部に着く。そのすぐそばにある大きな森が苗村神社である。

東に雪野山（標高三〇八メートル）、西に鏡山（同三八四メートル）という小高い山に挟まれ、南には水口《みなくち》丘陵が広がる。町の中心部は、そのあいだの平坦部にあり、日野川や祖父川によって作られた肥沃な沖積低地に水田が広がっている。そこに、大海に浮かぶ小島のように集落が点在する。こうした集落のうち、苗村神社に近いものが「九村」である。「九村」の多くは、遅くとも十五世紀末の在地史料には、村としてその名が登場するようである（竜王町史編纂委員会編、一九八七、四四九－五〇）。近世に入って、こうした村々は藩政村となり、こんにち竜王町と呼ばれる地域には二十四ヶ村が置かれた。領主は村ごとに異なり、旗本領、代官支配地、大名領が入り乱れていたらしい（竜王町史編纂委員会編、一九八三、三七－四九）。

明治になって、北部の十四ヶ村は「蒲生郡第一区」、のちに「鏡山村」となり、南部の十ヶ村は「第二区」、のちに「苗村」となった。鏡山村と苗村は、第二次大戦後、「昭和の大合併」の中で昭和三十年（一九五五）に合併して、「竜王町」が誕生した。町名となった「竜王」とは、雪野山と鏡山の俗称であり、この地で古くから信仰されてきた雨を降らせる竜神の名からとられたものといわれる（竜王町史編纂委員会編、一九八七、四）。

今の竜王町内には、明治初めには約一六〇〇戸、約八〇〇〇人が住んでいたようである（竜王町史編纂委員会編、一九八七、四一七－一二〇）。戸数、現住人口とも、昭和戦前までそれほど大きく変わらなかった。この地の人口が大きく変化するのは、戦後の高度経済成長のあとの時期である（図1）。

純農村から農商工の併存地域へ

高度成長期は全国的に、農村から都市への人口移動の時代だった。しかし竜王町の場合、昭和三十年代から四十年代にかけて、それほど劇的な人口増減を経験していない。変化の波が訪れたのは昭和五十年代以降のことである。

町は昭和四十年代から企業誘致に力を入れた。名神高速道路が町内を通り、隣の八日市

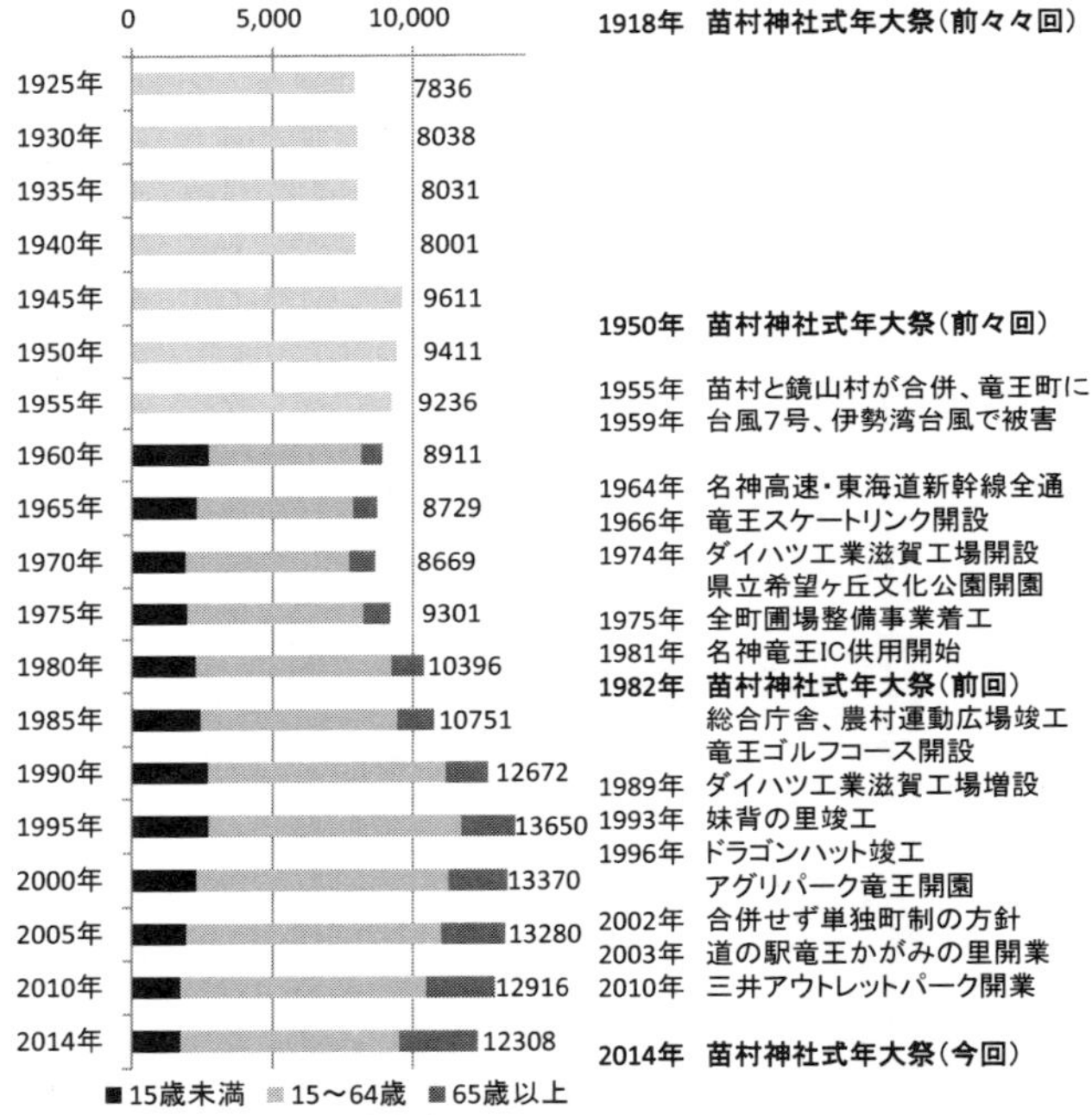

図1　竜王町の人口と主な出来事

注：人口は、2010年までは国勢調査、2014年は10月1日現在の住民基本台帳人口。1950年以前は苗村と鏡山村の計。主な出来事は、竜王町史編纂委員会編（1983）、竜王町制30周年記念行事実行委員会（1985）、竜王町編（1995）、竜王町（2010, 2011, 2015）などを参照した。年齢別のデータは、1955年以前は未入手。

市（現東近江市）内にインターチェンジができたことで、大阪や京都などから工場が進出するようになった。

その中の最大のものが、昭和四十九年（一九七四）に開設されたダイハツ工業（本社・大阪府池田市）の滋賀（竜王）工場である。町南部の丘陵部に工場や社員寮が建てられ、従業員向けの分譲住宅地も造成された。昭和五十六年（一九八一）には、名神高速道路の竜王インターチェンジが開設されて、大阪とも名古屋とも一時間余で結ばれるようになり、工場立地にさらに有利な条件が整った。ダイハツは平成元年（一九八九）に工場を増設し、現在では、滋賀（竜王）工場は、従業員数四三〇五人を擁し、エンジンやトランスミッション、主力車種「ムーヴ」「タント」などを生産する、同社最大の生産拠点となっている（同社「会社概況データブック二〇一四」による）。

ダイハツの進出後、町の人口は一・五倍に増え、生産年齢人口（十五～六十四歳）は大幅に増加した（図1）。産業構造も激変した。第一次産業就業人口は、昭和三十五年（一九六〇）には七割強、昭和四十五年（一九七〇）でも過半数を占めていたが、昭和五十五年（一九八〇）には二割を切るまで激減し、代わって第二次産業就業人口が五割前後を占めるようになった。第二次産業就業人口比率は、現在もそれほど大きく変わっていない。第一次産業就業人口はその後も減少の一途をたどり、平成二年（一九九〇）に一割を切って以降、一ケタとなっている（図2）。

竜王町の農業は、稲作を中心とする一方、幕末期に始まった近江牛の肥育でも知られてきた。昭和四十年代以降、工場進出や減反政策を背景に、兼業化や脱農化が進んだ。専業

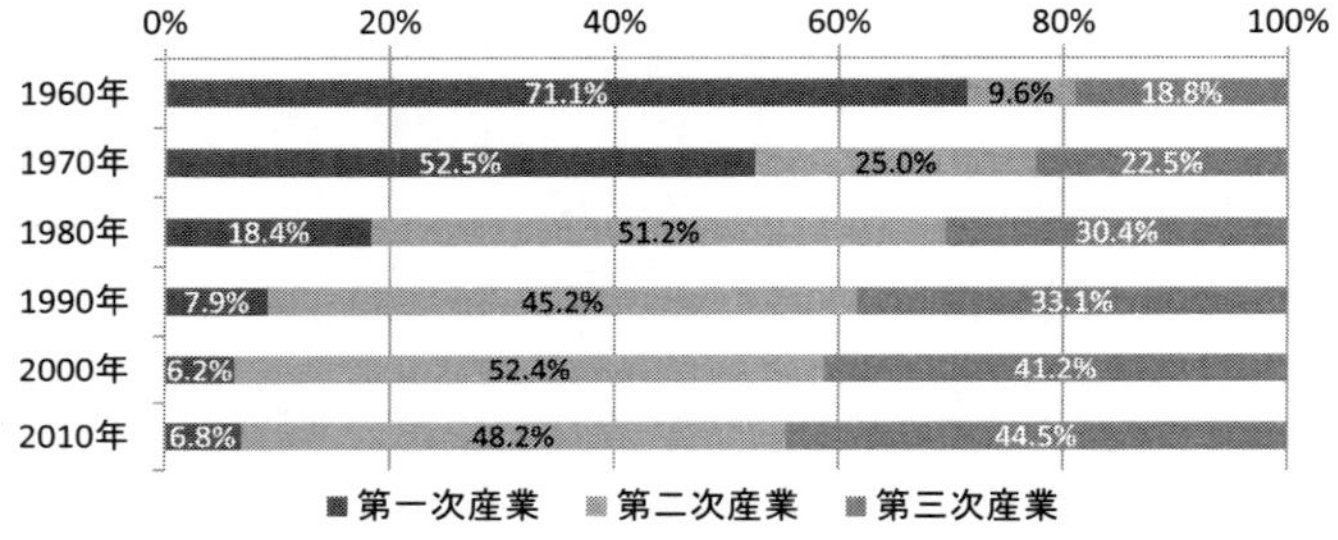

図2　竜王町の産業別の就業者比率の推移（15歳以上の就業者）
注：国勢調査の結果から作成。

農家は、昭和三十五年（一九六〇）には総農家数の五十二・四%であったが、昭和四十五年（一九七〇）には三・九%に、昭和五十五年（一九八〇）には二・四%にまで落ちこんだ。農外収入のほうが多い第二種兼業農家は、昭和三十五年（一九六〇）には総農家数の二十・七%であったが、昭和四十五年（一九七〇）には三十八・五%、昭和五十五年（一九八〇）には八十八・三%に激増した（以上、農林業センサスによる）。現在は、稲作、畜産に加えて、一部の販売農家によって果樹栽培も行われている。

竜王町の産業面における近年の大きな変化として、平成二十二年（二〇一〇）に竜王インターそばに「三井アウトレットモール滋賀竜王」が開業したことが挙げられる。近畿圏最大級の約十八万平方メートルに一六七店舗が出店し、約一七〇〇人の雇用が生まれ

（『朝日新聞』平成二十二年七月七日）、年間売上高は二〇〇億円を上回るといわれる（『同』平成二十五年五月十七日）。平成二十五年（二〇一三）には七十店舗が新規出店するなど、これまで農業と工業が中心だった町にとって、商業を大きく飛躍させる契機となっている。

以上から推測されるように、竜王町は、工場や商業施設の進出の成果として、町内に就労の場が比較的多いという特徴をもつ。十五歳以上の就業者のうち町内で就労する割合は四十七・〇％にのぼる（平成二十二年国勢調査による）。これは、隣接する野洲《やす》市（市内就労率四十二・六％）や近江八幡市（同四十六・九％）より高い。とはいえ、過半数は町外で就労しているわけで、ベッドタウン化が一定程度進行しているのも事実である。

「九村」の現在

苗村神社の氏子の中核となっているのが、「九村」と呼ばれる集落である。行政区でいうと、鵜川、川守、岩井、綾戸、田中、浄土寺、庄、林、川上、駕輿丁、島がそれにあたる（浄土寺のみ近江八幡市で、残りはすべて竜王町）。こうした集落は、地元では「区」や「むら」と呼ばれる。

「九村」の人口と世帯数を見ると、竜王町全体に比べて、生産年齢人口の割合が低い傾向

表1　「九村」の人口と世帯数（平成22年）

		人口				世帯数（世帯）	平均世帯員数（人／世帯）
		総数（人）	年齢別構成比				
			15歳未満	15～64歳	65歳以上		
鵜川		155	11.0%	58.7%	30.3%	40	3.9
殿村	川守	456	15.1%	59.4%	25.4%	106	4.3
	岩井	223	9.4%	60.1%	30.5%	61	3.7
子之初内	綾戸	306	14.4%	59.2%	26.5%	77	4.0
	田中	180	11.7%	61.7%	26.7%	47	3.8
奥村	浄土寺	69	1.4%	59.4%	39.1%	22	3.1
	庄	123	8.9%	66.7%	24.4%	29	4.2
	林	365	17.0%	58.1%	24.9%	99	3.7
川上		74	5.4%	66.2%	28.4%	17	4.4
駕輿丁		162	13.0%	57.4%	29.6%	40	4.1
島		82	11.0%	62.2%	26.8%	23	3.6
九村全体		2,195	12.8%	60.0%	27.3%	561	3.9
竜王町		12,916	13.3%	67.8%	18.9%	4,413	2.9

注：平成22年（2010）国勢調査の小地域集計から作成。

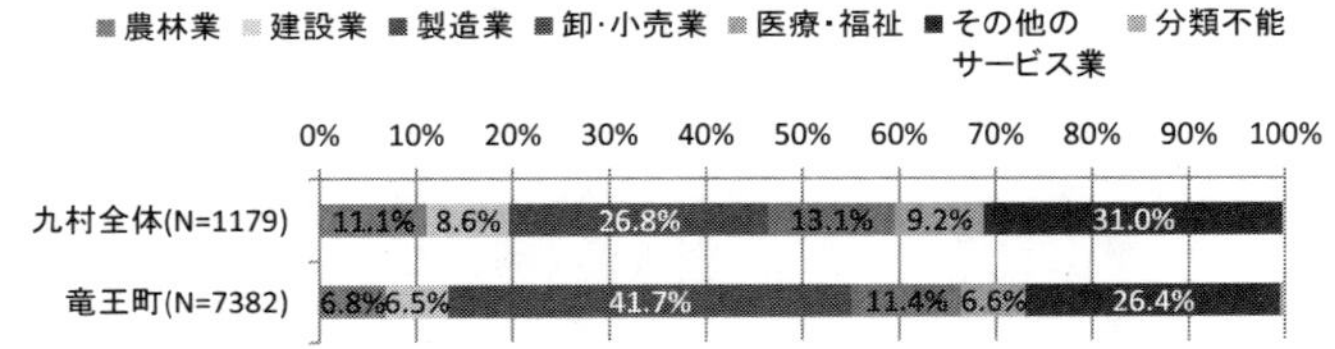

図3　「九村」の産業別就業人口比率（平成22年、15歳以上の就業者）
注：平成22年（2010）国勢調査の小地域集計から作成。

がうかがえる。高齢化率は二十七・三%であり、竜王町全体の十八・九%より高く、高齢化が進んでいる。一方、世帯規模は町平均の一・三倍強と大きい（表1）。また、農業人口の占める割合は町全体と比べて高く、工業人口の割合は低い（図3）。

　高齢化がやや進んでいるものの、今なお比較的規模の大きな家族形態をとどめており、農家もそれなりに残っている――こうした意味で、工業化が進んだ竜王町全体を見渡した時、「九村」は、今なお農村の性格をとどめているということができよう。もっとも、それはあくまでも、変化の激しい竜王町の中での相対的な意味においてである。「九村」にも変化の波は確実に訪れている。最後にこの点を概観して、本章を閉じることにしよう。

三十三年後の大祭を支える地域社会は

前回の式年大祭が行われたのは昭和五十七年（一九八二）のことであった。そのころの竜王町は、ダイハツの進出や名神高速道路竜王インターの開設などによって、非農業人口や兼業農家の増加、ベッドタウン化の進行など、それまでの純農村から大きく変貌しはじめる時期にあたっていた。昭和五十五年（一九八〇）前後に竜王町を調査したある社会学者は、こうした変化を混住化の急速な進行と特徴づけた（満田、一九八一、一九八七、第六章）。

それから三十余年。工場だけでなく巨大商業施設も進出し、町の産業構造は、よりいっそう工業・サービス業へと重心を移すようになった。脱農化や兼業化はさらに進行し、この地域は今や、「混住化農村」というより「農工商の併存地域」と呼んだほうが適切かもしれない。

もう一つ、前回の式年大祭のころと比べた時、町の人口動向が大きく変わったことも、大きく異なる点である。竜王町の人口は、平成七年（一九九五）ごろをピークに減少するようになり、高齢化率は急速度で上昇しはじめている。こうした趨勢は、次の三十三年後の式年大祭のころに、竜王町や「九村」がどうなっているのかという疑問を呼び起こさずにはいられない。

民間シンクタンクの日本創成会議が平成二十六年（二〇一四）に発表した市区町村別の将来推計人口（いわゆる「増田レポート」）は、竜王町にも大きな衝撃をもたらした。平成五十二年（二〇四〇）の時点での若い女性（子を産む可能性がある二十〜三十歳代の女性）の人口を推計し、平成二十二年（二〇一〇）の半分未満になる市区町村が全国で半数にのぼり「消滅可能性」があると警告して話題になったものだが、竜王町も、平成五十二年（二〇四〇）に人口が九〇〇〇人を割り、若年女性が五十二・三％減になるとされた（増田編、二〇一四）。

この推計の適否には踏みこまないでおこう。工場立地など、現時点で想定できない変化がありうるし、それによって流れは大きく変わりうる。ただ、現時点で竜王町においても高齢化と人口減少が着実に進んでいるのは事実である。

試みに、前回の式年大祭のころと今日の人口状態を比較してみよう。この約三十年間に

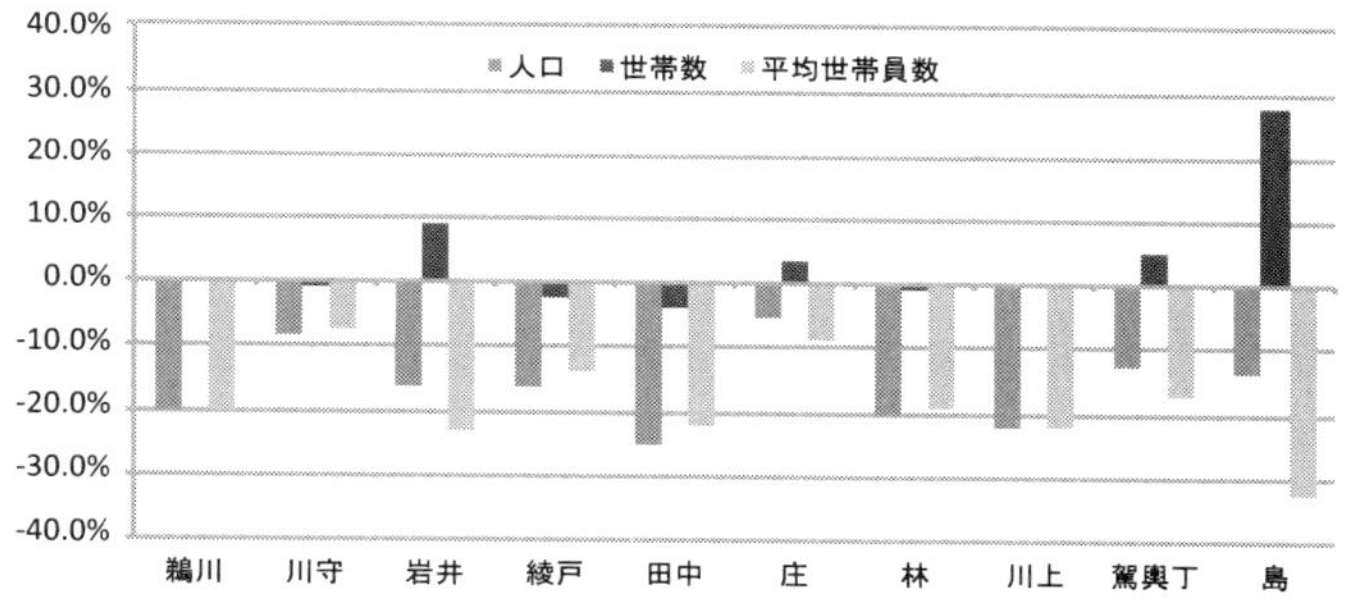

図４　「九村」の人口、世帯数、平均世帯員数の増減率（昭和58年～平成22年）

注：昭和58年（1983）のデータは竜王町企画課（1983）、平成22年（2010）は平成22年国勢調査の小地域集計による。奥村のうち浄土寺はデータが入手できなかった。

町全体で人口は二十二・八％増加し、世帯数は二倍に膨らんだ。それに対して「九村」では、人口は軒並み減少し、平均世帯員数も減少して世帯規模も縮小した。約三十年間の人口減少率が二割を超えるむらも少なくない。しかし、注目すべきは世帯数の増減である。世帯数は、どのむらでもそれほど大きく減っていない。つまり、家ごと離村したわけではなく、青壮年層が他出して高齢層が残っており、家そのものは健在であることが、ここから推測できる（図４）。

三十三年後の式年大祭が、誰の手で、どのように行われるのかを想像するのは、変化の激しい現代では非常に難しい。しかし四百年以上続いてきた祭りがそう簡単に絶えることはないと思われる。もちろん高齢化や人口減少、あるいはベッドタウン化は、祭りの担い手の確保にとって不安要因である。しかし、家そのものがそれほど減っていないという事実は、祭りを担う「むら」そのものの消滅という予測を退ける、一つの材料である。家が残り、むらが存続する限り、例えば第Ⅱ部や第Ⅲ部のコラム「稚児行列」で論じるように、他出子を呼び戻したり、稚児行列の参加者を外から募ったりするなど、さまざまな工夫がなされることで、祭りは維持される可能性をもっている。

参考文献

増田寛也編　二〇一四『地方消滅――東京一極集中が招く人口急減』中央公論新社

満田久義　一九八一『混住化社会と地域対応――滋賀県竜王町小口地区の事例研究』地域研究会（佛教大学社会学部満田研究室内）

満田久義　一九八七『村落社会体系論』ミネルヴァ書房

竜王町　二〇一〇『竜王町町勢要覧』

竜王町　二〇一一『第五次竜王町総合計画』

竜王町　二〇一五『竜王町町制六十周年記念誌』

竜王町編　一九九五『伝説から創造へ――竜王町町制四十周年記念誌』

竜王町企画課　一九八三『明日にはばたく　八三年版竜王町』

竜王町制三十周年記念行事実行委員会　一九八五『三十年のあゆみ』

竜王町史編纂委員会編　一九八三『竜王町史　下巻』

竜王町史編纂委員会編　一九八七『竜王町史　上巻』

II

九村で進められた大祭準備

三輪山の組み立て作業をする綾戸の人々

【山車】駕輿丁　慶龍山の山車づくり

滋賀県立大学人間文化学部　四回生　大上将吾

慶龍山とは

式年大祭では計五基からなる山車《だし》が登場し、見る人を楽しませてくれた。山車は九村《くむら》のうち、川守・綾戸《あやど》・田中・川上・川守・駕輿丁《かよちょう》の六つの集落がそれぞれ八幡山・三輪《みわ》山《やま》・春日山鉾《かすがやまぼこ》・白鷺山《しらさぎざん》・慶龍山《けいりゅうざん》を製作しており、いずれも華やかで規模が大きく、そしてまた個性的であった。本章ではこれらの山車のうち、筆者が実際に調査にうかがった駕輿丁集落の山車・慶龍山について、その製作や本番の様子について述べていきたい。

慶龍山は、全長四五〇〇ミリメートル、高さ三六三〇ミリメートル、正面幅一七〇〇ミリメートルの山車であり、屋根の上には慶龍山の象徴ともいえる龍が飾り付けられている。龍には雨乞いを祈願する意味が込められており、全長は四五〇〇ミリメートルにまで及ぶ。

慶龍山

緑色の身体に金色の装飾で鱗が描かれており、右手には玉を持ち、大きく開いた口からは鋭い牙がのぞく。

慶龍山の下段は前方と後方とに仕切られている。前方には御幣《ごへい》が捧げられ、大祭当日にはリンゴ・サツマイモ・ミカン・タマゴ・酒・昆布が三宝に置かれて供えられていた。後方は大祭当日に囃子《はやし》方が乗り込むスペースとして用いられ、四方に幕が飾られた。これは数多くの帯をつなぎ合わせて製作したものであり、見る面によって異なる絵柄を呈している。では、これだけの立派な山車がどのようにして作られたのか、紹介しよう。

慶龍山の製作過程

慶龍山に限らないことだが、今回の大祭における山車の製作はいずれも集落の住民自らの手で行われた。慶龍山は駕輿丁の住民である大工さん、鉄骨屋さん、ペンキ屋さんの三名の職人が中心となって、昭和五十七年（一九八二）大祭時の慶龍山の設計図を参考に製作している。

製作の開始に先立って、職人さんたちは構想を練るために日野祭や長浜曳山《ひきやま》祭の曳山の視察に行っている。そこで一口に山車といっても大きさや屋根の高さなどに違いがあることに気付き、慶龍山を設計する際には、見て学んだことをいろいろと組み合わせて設計に臨んだという。

本格的な慶龍山の製作作業は平成二十四年（二〇一二）の五月頃から始まった。後述するように、実はこの時点ですでに龍は完成していたため、慶龍山の製作はその大きさに合わせるように進められた。昭和五十七年大祭時の設計図は残っていたものの、材料や飾りは何も残っていなかったため、それらは一からの調達・製作であった。特に山車の軸となる木材には立派なものを使いたいということで、普通の家屋の建築でもめったに使わないような上質な杉の木を米原の業者に頼んで、購入して用いている。

原寸を決めて、骨組みを製作するのには大体一ヶ月くらいかかっている。骨組みの製作はやってみるとなかなか想定通りにできないこともあり、思った以上に時間がかかったそうだ。そのぶん効率的に製作を進めるために、組み立てと同時進行で部材の塗装作業も行うといった工夫をしたのだという。

一方、慶龍山の下段後方に飾るための幕作りは七月頃に始まった。既に述べた通り、この幕は帯をつなぎ合わせたもので、材料となる帯は集落内の住民に呼びかけて集めている。幕作りは集落の女性が担当し、集めた帯の裏地を取り除いて柄の似ている順に番号をつけ、その順につなぎ合わせるという方法で進められた。私たちが七月に集落への聞き取りに訪れた際には、完成した幕が集落の地蔵堂に飾られており、その華やかさに山車の出来への期待が高まったことを覚えている。

こうして準備ができた慶龍山だが、当初は十月の初旬に最終の組み立てをするはずだった。しかし、この時期相次いだ季節外れの台風のため、なかなか完成に至らずに集落の方々をやきもきさせた。大祭も直前になった十月八日、ようやく幕や龍などが飾り付けられた。完成した山車を見て、集落の方々からは口々に「うまくできたある（できている）なあ」という声が上がり、また幕作りに協力した女性たちも満足されていたという。後日、制作の中心メンバーであった大工の菱田喜一さんに聞き取りを行った際にも、納得いくものができたと嬉しそうに語ってくれた。

ワラ細工職人の龍づくりへの情熱

一方、龍の製作は林集落の友實富義さんが一人で担当している。友實さんは大祭がはじまる三年前に依頼を受け、そこから少しずつ製作を進めていた。駕輿丁の方々がわざわざ他の集落の住民である友實さんに製作を依頼したのには、龍を作るためにはそれだけの技術を持った人でなければならなかったからである。

実はこの友實さんは「近江ワラ細工伝統工芸保存会」という団体に所属し、以前からワラ細工の高い技術で知られていた。この保存会は滋賀県が主催して発足した団体で、会員各々が技術や知恵を出しあって昔ながらのワラを用いた伝統工芸を継承・発展させていくことを目的としている。友實さんも自分の技術を伝えるべく、作品の公民館への展示や県内の小学校でのワラ細工教室の開催、また県の内外のあちこちへ赴いて注縄《しめなわ》教室を開くなど盛んに活動していて、竜王町にある道の駅「アグリパーク竜王」では友實さんの作った作品が展示されている。

さらに友實さんは大祭以前にも竜王町の依頼で、ワラを用いて町のシンボルとなる龍を製作した実績もお持ちということもあって、駕輿丁の方々もぜひということで依頼されたのだそうだ。ちなみに今回の式年大祭では川守の注連縄や岩井のすげ笠、子之初内《このはうち》のころころこ踊りの笠の製作も担当されていて、いくつもの集落から引っ張りだこであった。もっとも他の依頼と違って、巨大な龍を完成させるまでには「自分がこれやったら何とか納得してもらえるやろうなあと思う出来の龍を、いろいろやり直しながら作らしてもらいました」と、随分と試行錯誤があったことを、友實さんは語ってくれた。

駕輿丁の皆さんからは友實さんに、参考になる資料として前回の大祭の際に作られた龍の写真が渡されていた。もともと昭和五十七年の龍の頭が残っていたので、頭に関してはその修理を進めればよかったが、胴体に関してはゼロからの製作となる上に、残された頭のパーツと大きさが調和するように作らなければならない。しかも寸法は残っておらず、友實さんは写真だけを手がかりに、自分で何度も作ってみて寸法を決めていった。加えて、龍は慶龍山の最上部に取り付けて飾られるため、見物人はこの龍を下から見上げることになる。友實さんはこのことを考慮して、胴体を作る過程では製作途中の龍をクレーンで吊り上げて、常に下からの見え方を確認しながら作業を進めていた。

龍の体の素材選びにも苦労があった。龍の体は木を組み合わせて軸を作っているが、体の内側に何を詰めたらよいかが問題で、ワラだけでは重すぎるし、発泡スチロールでは軽すぎて、風に舞ってしまう。そんな試行錯誤を繰り返しながら、マコモというイネ科の植物をワラに混ぜ込んで、ちょうどいい具合のものを作ることができたのだという。こうしたところにも友實さんが長年にわたって培ってきた、植物についての知識の積み重ねが発揮されているのである。

さらに龍の外面の製作である。全体に布を巻き付け、その周りに障子紙をあてがって形を整えたものに、どう色を塗っていくか。友實さんは「一番苦労したのは塗料です」と苦笑いを浮かべておられた。想像上の動物である龍を、威厳ある、そして立派なものとして観客に見せなくてはならない。体表の緑色や鱗の金色は、どちらも自分で納得のいく良い色を作ることができず、さまざまな塗料やペンキを探しても見つからなかったという。悩んだ末、最終的に体表の緑色は塗料屋さんに直接かけあって「いくらかかっても構わんから」と依頼し、およそ一ヶ月かけてもらって、これなら間違いないというものが出来上がった。鱗の金色も悩んだ末、いっそ本物の金粉を使ったらどうだろうと思い立ち、仏壇屋さんを訪ねて高価な金粉を買い受けた。大祭で誰もが喜んでくれるような、そして自分としても納得のいく龍を作るためなら高いも安いもないという、友實さんの思いが表れている。

こうして理想的な材料を手に入れ、その上で自分が思い描くような色になるように、友

屋根に取り付けられた龍

實さんは何度も塗り直しをされたそうだ。塗り直すためには障子紙を全部新しく貼り直す必要があり、全部で三回ほど障子紙を貼り直してようやく理想の龍の体が出来上がった。最後の仕上げは目を入れることで、「目の作り方次第で、生きてるか死んでるかも変わってきます」と友實さんは言う。なんと完成までに十数種類も目の試作を作り、「次から次に作って両面テープであてがって、具合を見ては形を変えたり、前にしたり、後ろにしたり、また新しいのにしたり」して、ようやく形と位置が決まった。

こうして平成二十五年（二〇一三）三月に「これなら駕輿丁の人も納得してくれる」と思えるような龍が完成し、駕輿丁に伝えたところ、大満足してもらえたそうだ。山車への取り付け作業自体には友實さんは立ち会わなかったが、大祭当日に慶龍山を見て、「やはり自分の作った龍が立派に飾られているのを見ると、気持ちが良かった」と述べられていた。

賀輿丁による奉納

大祭当日は台風の心配もあったものの何とか天候に恵まれた。苗村神社の馬場や御旅所での待機中は各山車がずらりと並ぶ様を一望に収めることができ、耳を傾ければ山車の中からお囃子の演奏が聞こえてくる。笑い声につられて山車の周りを見ると、踊り衣装を着飾った子どもたちが元気よく走り回り、とてもにぎやかな様子である。見物人も山車を見上げて感嘆の声をあげたり、カメラを取り出して撮影したりと、各々がこの風景を楽しんでいた。

実は私自身が完成した慶龍山を見るのは大祭当日になって初めてだった。慶龍山は特に大祭の直前まで飾りつけができなかったので、本当に大祭に間に合うのだろうかと心配していたのだが、立派に完成した慶龍山を見てその出来に驚かされた。調査者の私でさえこのように感じたのだから、駕輿丁の皆さん、そして製作者の皆さんにとってはひとしおの思いがあったろう。

二日目には山車や参列者による農村運動公園への渡御《とぎょ》が行われた。参列者の足音に混

渡御の際に慶龍山で演奏する囃子方たち

じって、山車の中からはお囃子の演奏が聞こえ、「ヨーイショー！」と山車を曳くかけ声が響く。見物していた集落の方にお話をうかがうと、「私らこの祭りの中でもこれを一番楽しみにしてたんや」と話してくれた。初秋の肌寒さを打ち消すかのように、渡御にかける皆さんの熱意が伝わってくるようであった。

農村運動公園での奉納の際には、慶龍山は囃子や子どもたちのケンケト踊りとともに、駕輿丁の奉納の主役として奉納場を盛り上げた。龍の金色の鱗が日差しを反射し、慶龍山の威風堂々としたいでたちがよりいっそう照り映えている。そして囃子方や踊り子たちが緊張した面持ちを見せる中、奉納が始まった。

駕輿丁の囃子方は社会人で構成されていること

慶龍山の前で行われたケンケト踊りの奉納

もあり、全員がそろっての練習はなかなかできなかったのだが、本番は「伊勢音頭」と「祇園囃子」の二曲を荘厳に演奏していた。続くケンケト踊りの奉納になるとガラリと雰囲気が変わり、かわいらしく着飾った子どもたちが一生懸命に「ケンケト、ケンケト、イッカイホ……」と歌いながらあちらこちらと踊る姿に、観客も笑みを浮かべていた。踊りが終わり、子どもたちに拍手が送られる中、駕輿丁の奉納は幕を閉じた。

大祭終了　慶龍山にかけられた願い

本格的な山車を目標に慶龍山を製作してきた菱田さん。自分が、そして皆が納得するような龍を作りたいと龍を製作してきた友實さん。製作者の皆さんの思いは慶龍山という確かな形となって、式年大祭は大団円を迎えることができた。

大祭が終了したことで、同時に慶龍山もその役目を終えることになった。なんとか慶龍山を保管できないものか、屋根だけでも残せないだろうか、壊してしまうのはもったいない。そんな声もあったものの、四メートルにも及ぶ大きな造作物を保管できる場所がないということで、惜しまれつつも慶龍山は解体された。

それでも少しでも残したいということで、幕や龍といった飾りは集落内で保管されている。菱田さんは、「今のうちに残せるものは残していかなあきません。次の代のためにも」と大祭の継承に思いを馳せていた。菱田さんや集落の皆さんにとっての願いは、後世に残された「幕」や「龍」などが、式年大祭を受け継いでいくよすがとなることである。その願いが三十三年後にもまた引き継がれ、そしてまた今回のような立派な大祭となることを願ってやまない。

【人形芝居】綾戸の人形芝居の伝承

滋賀県立大学人間文化学部　四回生
田村和樹・浦部純樹

はじめに

この章では、綾戸集落の住民が奉納した人形芝居がどのように伝承されていったのか、その過程と大祭当日の集落の方々の様子を述べていく。

綾戸は人口総数二五〇～二六〇人ほどの集落で、苗村《なむら》神社を有するいわば苗村神社のお膝元であり、集落の北西には大物主命《おおものぬしのみこと》・綾之御前《あやのごぜん》を氏神としてまつる綾之神社が位置している。今回の大祭に限らず、苗村神社の祭礼の際には隣接する集落の田中とともに「子之初内」として祭りを行い、その際の当番である「当屋《とうや》」も二つの集落の中で一戸が選ばれているという。現在は田中の住民が製作している山車にも、以前は綾戸の人たちも関わっていた。

集落の中央部には綾戸集落センターという集会所があり、ここで式年大祭に関する会議や、奉納行事の稽古が行われていた。私たちは綾戸の山車である三輪山の製作やころころ踊りと並行して、全国的にも珍しい人形芝居の練習に、練習の段階からじっくりと密着することになった。

人形芝居とは

先に述べたように、綾戸は祭礼時には隣接する田中集落とともに「子之初内」という組織で奉納を行うため、今回の大祭に関しても一部の奉納に関しては合同で行われたが、人形芝居は綾戸の住民だけで行われている。集落で製作した山車「三輪山」に乗った「三輪山役」と呼ばれる集落在住の十八歳から二十八歳の青年八名が、人形芝居を行う役者を担当する。人形芝居の肝である人形は「藤内」「五郎」「お鶴さん」「お亀さん」「山伏」の五体が使用され、そのほかに鯉・鯰・大蛇の張り子が用いられた。

人形は、前回の大祭では完成した人形を野洲市の比留田《ひるた》という地域から借りていたのだが、今回は集落内の男性が一からオリジナルで製作された。人形はパーツごとに違った材料でできており、顔には割れづらく年輪の細かいベイツガを使用するといったように、そ

大祭３日目、苗村神社境内での人形と鯉・鯰・大蛇の勢ぞろい

の部位にふさわしい木材が用いられている。また、塗料には日本画の岩絵の具を使用し、白と赤を混ぜてうまくシワが強調されている。極めつけは髪の毛である。女性の人形の髪はかつらをバラしたものなのだが、男性の人形の髪や眉毛には、なんと製作者本人の髪を使用されているのである。まさしく、この人形たちは製作者の熱意がたっぷりと詰まった作品なのであった。

人形芝居の演目は二つで構成され、一つ目の「藤内と五郎」は大和国より御来行なされた御神主に随行した、藤内と五郎という二人の男に関する物語である。二人は鼓や太鼓に秀で、日々名人芸を披露していたこと、そして非常に働き者であり、四反の田圃を翌年には八反に、さらに後には十六反にと倍々に農地を広げたことが、芝居の中で語られる。二つ目の演目は「お鶴さんとお亀さん」である。藤内と五郎の鼓・太鼓の名調子を聞きに来た人々の中に、お鶴さんとお亀さんという二人の女性がいた。このお鶴さんとお亀さんが瓢箪《ひょうたん》を持って鯉や鯰を捕らえようと大騒ぎする様子を見た山伏が「どうもおかしい。彼女たちはただ者ではない。きっと化け物か迷い人であろう。祈祷をして見てやろう」ということで呪文を唱え、祈祷をすると化けの皮がはがれ、大蛇が姿を現したという物語である。

人形芝居は大祭の初日に三回、二日目に二回、三日目に一回奉納される。芝居の際は、二人の役者で一体の人形を動かし、台本の読み上げは人形を動かしていない役者が行う。師匠は鳴り物（中太鼓・拍子木《ひょうしぎ》）やセリフの補助をする。また役者を指導していた師匠たちも三輪山に乗り、鳴り物（中太鼓・拍子木）やセリフの補助を行っていた。

いざ、練習の見学へ

人形芝居の練習は平成二十六年（二〇一四）の四月頃から、綾戸の集会所で毎週土曜の夜に行われた。役者たちがまず師匠に求められたのは、台本と前回の映像を見ながらの、台詞の暗記である。台詞を覚えるのはそれほど難しくないように思われるかも知れないが、

人形芝居の稽古は最初、映像を見ながら行われた

なかなかどうして、まず現代では使わないような古い言葉で書かれた台本を、すらすらと読むこと自体が難しい。役者たちが音読をしている最中に何度も師匠に止められ、読み方や文章の区切る場所について指導を受けるといった様子は稽古序盤においては定番であった。「ワシらほどになったら文句なんて空で出てくるけどな。お前ら（役者たち）も祭りが終わった頃にはそうなっとるわ」と師匠は笑っていた。

最初はどの役者がどの人形を使い、また誰の台詞を言うかは決まっていなかったが、ある程度、台詞を覚えてくると、次は師匠たちによって役者たちの配役が行われる。ここで重視されるのが、背格好と声の性質である。

背の違う役者同士が組んでしまうと人形が傾い

てしまう。なので、人形のバランスがとれて持ちやすくなるように似た背の者同士を組ませることは当然の理である。性格でいうと、特に明るく元気のある人がお鶴さん・お亀さんに配役され、おとなしい子が藤内・五郎となる。藤内・五郎よりお鶴さん・お亀さんの方が芸が細かく、指導も厳しくなるため、それでも堪《こた》えない人のほうが良いというのが理由である。また台詞というのは、人形を動かしてない役者が読むものである。すると先ほどまでお鶴さん、お亀さんの人形を担当していた元気のある人が山伏の声を担当することになり、迫力のある声が発せられる。逆にお鶴さん・お亀さんの声はおとなしい人が担当することになり、配役としてぴったりなのである。

同時に人形の動きについても、前回の映像を見ながら頭に入れていかなくてはならない。実は師匠たちが前回の大祭で役者として芝居をした際には、まずは「手踊り」と呼ばれる、役者が人形と全く同じ振り付けで演じる演目があり、これによって人形の動きを体に覚えさせてから、人形を動かしていた。しかし手踊り自体は観客にとっては何をしているのかわかりにくいため、今回はそれを省いて、役者たちにはしっかりと映像を見て、覚えてもらうことにしたという。

綾戸の人形芝居に限らず、今回の大祭において映像の存在は非常に大きかった。前回の師匠らは自分たちのおぼろげな記憶をたどり、互いに確認しあいながら振り付けを再構築したが、今回はその必要はない。また映像を巻き戻したり一時停止したりして、繰り返し練習できるのも映像ならではの利点で、映像の中の役者の手の位置と自分のそれとを見比べさせて指導するといったことが可能となった。初めてのことで戸惑いがちな役者たちも、映像ならとっつきやすく、なおかつ関心が持てるという効果もあった。

師匠たちの工夫

配役が決まれば、いよいよ人形を使い基本の操作を教わる。役者たちはもちろん人形を動かす経験など、これまでしていない。慣れない様子で人形を持つ姿と不安げな表情を見て、三十三年に一度という大祭で舞台に立つことへのプレッシャーが私たちにまで伝わってきた。

人形使った稽古の序盤では、人形は着物を着ておらず裸の状態である。初めて人形を扱う役者たちにとっては、そのほうが各パーツの動きがよく見えて人形の構造を理解するにあたって都合がいいのである。

「人形を動かすのは、まず人形の構造を理解してからや。物理的なことを自分でよく考えるように」という指導を受け、役者たちは人形の首や手の可動範囲や間合いを確認しながら稽古を進める。稽古をしていく中で人形自体に改良が加えられることもあった。当初、人形の腕の付け根の関節部分には木製のパーツが使用されていた。しかしそれでは片腕が引っ張られるともう片方の腕も無理に引っ張られてしまうといった、人間らしくない動きになってしまう。そこで師匠は、その部分を木製のパーツからゴムへと変更し、人形に柔軟な動きと人間らしさを与えたのである。これは人形が既製品ではなく手作りだからこそできることである。このように人形は本番までの間、師匠と製作者が相談しながらもっとも人形芝居に適した構造に進化していった。

私たち調査員は、稽古の見学をしている最中に時折、師匠の意外な行動に驚かされることがあった。例えば師匠が寝そべりながら役者たちを指導しているのである。私たちは「確かに毎週暑いのに大変だよな。そりゃ寝そべりたくもなるよ」と思っていたが、「人形芝居にしても、巻物にしても、なんにしても、平面で見てしまうと絶対わからへん」と耳打ちしてくれて、その意図に気付くことができた。山車の舞台で演じる時は観客は下から見上げる格好になるため、常に師匠は寝そべりながら動きをチェックしていたのであった。そうした視点からの指摘を稽古の序盤から受けることで、役者たちは観客からの目線を意

舞台の面積を意識するため、畳の上にテープを貼って稽古を行っている（綾戸集落センター）

識した人形使いを覚えていく。

練習が中盤になると、集会場の畳に舞台と同じサイズのテープが貼られ、舞台上での立ち回りを意識した練習が始められた。集会場での練習と違って、山車上の舞台には柱があるため動きが少々制限されてしまう。さらに舞台には鯉や鮒・蛇の張り子が置かれるため移動可能な面積は想像以上に狭い。役者たちは、今までは意識していなかったそうしたことにも気を配ることが必要になり、人形を動かす手と立ち回る足と、両方に注意しながら稽古をしなければならず大忙しである。

また師匠はこの時期から、役者と人形の一体感や人間らしく見える動きをどう表現するかについても指導するようになっていった。例えば、男性の人形は男性らしく力強い動きを、女性の人形の動きには特に気を配り、柔らかい動き、女性らしい動きで、というように。

しかも一体の人形につき役者は二人、そして山伏以外は二体の人形が会話をしながら芝居は進むのである。人形二体、四人の呼吸が合い、立ち位置や人形の視線がかみ合わないと一気に人間らしさがなくなってしまう。「おいおい、人形が瓢箪《ひょうたん》持とうとしてるのに目線が瓢箪いってへんでどないすんねん」といった注意が何度も繰り返されたが、役者同士が常に対面に近い角度で人形を持つように心がけ、お互いの人形の視線は会話をしている時はお互いの目に、小道具を持つ時はその小道具に向けているように見えなくてはならない。人形の二体は会話をしているのだから、そんなことは当然のことだろうと思ってしまうが、いざ自分が人形を動かしてみるとなった時には見落としてしまいそうだ。芝居でありながらも、いかにも人形たちが会話をしているように見せるのがミソである。自分が人形の視点となり、いかに人形になりきれるかが重要なポイントといえよう。

また「後ろで文句（台詞）言うとるけど自分の中でも言えよ」という指導も、人形を動かす役者に対して何度も繰り返された。ついつい、後ろの役者が言う台詞を聞いてからそれに合わせて動こうとしがちだが、それではどうしても人形の動作が遅れてしまう。心の中で台詞を読みながら人形を動かすことで、読み手と人形の動きがピッタリと合うのだ。ここで稽古序盤での、何百回としてきた台本の朗読が活きてくることが、私たちにもわかってきた。

稽古終盤になると、いよいよ山車の上での稽古になる。役者たちは今まで練習してきた畳との違いを調整しながら、芝居の仕上げに取り掛かった。役者たちができることが増えていくにつれて、師匠の指導も次第に細かくなり、人形の動きもなめらかになっていった。

大祭が間近になると、稽古は毎晩行われた。夜勤の仕事がある役者も中にはおり、なかなか全員が集まることが難しい状況であったが、全員で集まって稽古ができるようにと師匠が自治会長さんと共に会社にお願いしに行ったことで、全員そろっての稽古が可能となった。山車上での役者たちの姿は、練習序盤で見た不安げな表情とはうって変わって堂々としたものであった。隣で見ていた村役の方も「初めは、こいつら大丈夫けぇ？ と思てたけど、ほんま変わりよったなぁ」と声を漏らしていた。

こうして準備は整った。さあ、大祭の当日は目前である。

そして大祭の幕が開ける

十月十一日の大祭初日の朝六時。十月ともなると朝は少し肌寒いが、村役の方は既に綾之神社で出発の儀の準備を始めていた。

「あぁ、そこちゃう。真ん中はお神酒《みき》や」。そんな声が聞こえた。祠に置く御供え物の位置を和やかなムードの中話し合っていたが、その様子は探りながらであった。

やがて続々と住民が集まってくる。お互い挨拶を交わし、順に参拝していく。中には「君らもう来てたんか。朝早くからご苦労様」と私たち調査員に対して労《ねぎら》いの言葉をかけてくれる方もいた。そうした住民や村役たちは役者たちに対しても「今日から三日間気合い入れて頑張るんやで」と激励の言葉をかけていた。

そして全員がそろったところで大祭初めの奉納が始まった。綾之神社での奉納は観客が住民のみであったが、やはり一度目の奉納である。役者の表情もどこか固かった。苗村神社御由来を読んでいる青年の手や声も少し震え、緊張しているように感じ取れた。しかし、読み終わる頃には、声も落ちついてきて、祭りの開始を合図するにふさわしい読み上げとなった。

そして人形芝居。こちらでもまだ表情の固い役者はいたが、最後に大きな拍手や「よっ！　いいぞ！」というかけ声が聞こえると、彼らにも少し恥ずかしそうな笑顔が見えていた。

いよいよ訪れる大舞台

十一時三十分頃、子之初内による苗村神社拝殿前での奉納が行われようとしていた。まずころころこ踊りの踊り子たち。続いて三輪山とそれに乗った役者たち。最後に田中集落の山車「春日山鉾」が入場する。するとそこには、一般の観客も含め拝殿前が埋め尽くされるくらいの人で溢れかえっていた。

「落ち着いてやれよ」と師匠は役者たちに言った。実際、綾之神社前で行った奉納とは周囲の様子が大きく異なっていて「緊張するな」というほうが難しいくらいだと感じた。しかし始まってからは、このような心配は杞憂に過ぎないと気付く。

苗村神社御由来の巻物が解《ほど》かれると、大きな拍手とともに集落の住民から「いけー！　よぉ！」という歓声が沸き起こり、少しはにかみながら役者が朗読を始めた。続いて行われた人形芝居でも人形の登場とともに、「いいぞー!!」と歓声が上がり、役者たちも落ち着いた様子で、奉納を進めていった。

苗村神社御由来、人形芝居ともに初めて大勢の前で披露したとは思えない堂々とした朗読、演技であった。終了後も「いいよー！」「良かったぞ！」と住民や観客から歓声が上

大祭1日目、苗村神社拝殿前での人形芝居の奉納

がり、役者たちは大舞台での仕事が終わったことに安堵しているように見えた。特に山伏が呪文を唱え祈祷し大蛇を出現させるシーンはとても迫力があり、綾戸集落の住民含め観客も大いに沸いていた。

役者として成長した青年たち

十月十二日の大祭二日目、農村運動公園での奉納も見事だったが、私たちにとってそれに劣らず記憶に残っているのは、そうした本番が終わったその日の夕方、集落センターで行われた人形芝居の様子である。まさに自分たちのホームグラウンドであるこの場所での上演は、これまでの稽古の成果、加えて本番二日間で一段と役者として成長した自分たちの姿を一番近い距離で住民に披露するためのものであった。もちろん苗村神社拝殿前での奉納や御旅所での奉納のように大舞台であったとは言えないが、それでも役者にとって大切な機会であることに違いはない。また住民の皆さんも普段の彼らとはまた一味違う役者としての姿を見るために大勢が駆けつけた。

ビデオカメラを持った役者のご両親や、お爺ちゃんお婆ちゃんなど大勢が集まり、集落センターはざわざわと騒がしい様子であったが、芝居が始まるやいなや、すっと静まり皆が見入っていた。

「かっこいいぞー！」「最高や！」「よかった！」と終了後には、住民の中から声が上がり、役者たちも自らの精一杯を住民たちの前で見せることができたことに満足しているようで、その表情はどこか誇らしげであった。

大祭の集大成

しかし、大祭はここで終わらない。最終日である十月十三日には、再び苗村神社で奉納をするという仕事が残っているのだ。苗村神社に向かうと、拝殿前で役者たちとそれぞれのご両親が記念写真を撮っていた。その様子は祭りが終わることに名残を惜しんでいるようにも、また、やっとこの大役を務め終えることにほっとしているようにも見えた。最後の演技を終えた後、役者たちの顔はすべてやり終えた充実感に溢れていた。ともに山車に乗り、拍子木を叩いていた師匠役の方も「やっぱ、あん時は拍子木を叩く手に力が入った」という。

師匠役は「(役者たちは)立派にやってくれたと思う。肝心な場面でミスなく芝居をしてくれたのは嬉しい」「人形芝居をしてきたことは自分自身の人生における勲章になるし、これはやったもんしか語れん」と私たちに話してくれた。きっと、今回役者として舞台に立った青年たちも三十三年後には師匠役となるだろう。その時には今回のように、綾戸集落に住む役者、師匠、人形や山車作りの担当者たちをはじめ集落内の多くの人が関わり、世代を超えたつながりで大祭を盛り上げていってくれるだろう。

【囃子】殿村・川守のせんぎり囃子

滋賀県立大学人間文化学部　四回生
菅沼春香

川守は苗村神社の北東に位置する総人口約四五十人、世帯数一〇〇戸の集落である。今回の三十三年式年大祭では、猩々《しょうじょう》踊りと呼ばれる鉦《かね》と太鼓に合わせた子どもたちの踊り、せんぎり囃子というお囃子、大太鼓、山車として八幡山を奉納した。川守はかつて真村《しむら》（志村、新村とも書く）・殿村《とのむら》という二つの組織に分かれており、集落の多くの家が新村に所属するほか、一部の家は岩井とともに殿村に所属していた。現在は殿村しか存在しておらず、式年大祭では岩井とともに殿村と呼ばれる。

本章ではこうした川守の奉納のうち、せんぎり囃子について、練習から当日の様子、囃子の習得過程を中心に書くことで三十三年ごとに行われる囃子がどのように伝承されたのかについて見ていく。特にその過程が昔ながらの「伝統」がそのまま伝えられるというよりも、指導者や囃子方たちの工夫・技量に応じていかに創造されていくかについて述べていきたい。

今回の大祭で川守ではせんぎり囃子として、サクラバヤシ、オコシダイコ、ヒヒリヤ、ヤタイバヤシの順に四曲を奉納した。停止した八幡山の山車の上に囃子方十二名が円になって座り、川守の旧会議所や苗村神社、農村運動公園などで演奏する。楽器は七本調子の笛、締太鼓、太鼓、鉦で構成され、川守の男性が囃子方を担った。毎年行われる祭りではないため、囃子をやってもらえる人を、学生から社会人まで幅広い年齢の人から探したという。

演奏される四曲はどれも近江八幡市浅小井《あさごい》の祇園バヤシから楽譜をもらい、指導者も招いて練習したものだ。そのうち三曲は滋賀県内の各地から浅小井に取り入れられた。オコシダイコは長浜市の長浜曳山祭《ひきやま》、ヒヒリヤ、ヤタイバヤシは甲賀《こうか》市の水口《みなくち》祭で囃される曲をもととしており、どれも浅小井で独自のアレンジが加えられてきたものである。

今回の曲目は浅小井から教えてもらう形で川守へと取り入れられたが、川守と浅小井には囃子を通して、戦前からの交流がある。大正七年(一九一八)の式年大祭の際に浅小井から山車が貸し出され巡行に用いられた縁から、昭和二十五年(一九五〇)の大祭で川守から浅小井に祇園バヤシを教えてほしいとの依頼があった。当時は浅小井では祇園バヤシは囃されていなかったが囃子に精通した指導者が出向き伝授したといわれている。戦争を経て浅小井の祇園バヤシは途絶えてしまったが、その後昭和五十九年(一九八四)の祇園祭の際に、以前に浅小井の祇園バヤシを習った川守の人々の協力によって、再び浅小井でも祇園バヤシが囃されるようになったのである。

囃子の練習

筆者が初めて稽古場に調査に行ったのは平成二十六年(二〇一四)の八月三十日であった。練習は川守の旧会議所に集まり、毎週月・水曜日の二十時からと土曜日の十九時からで、だいたい二十二時頃まで行われていた。この頃は練習が始まってから三回目の稽古で、サクラバヤシが出来上がってきており、ヒヒリヤが練習途中という段階だった。

浅小井から指導に来るのは毎回ではなく、この日は指導者は不在であった。たまに合わせ練習をしながらも、笛、太鼓そして鉦もひたすら個人で練習をしていた。笛を黙々と吹き続け楽譜と音源の両方を使いながら真剣に練習している様子が印象的であった。

練習では、囃子方たちは初め、浅小井の人の演奏を見よう見まねで覚えていった。笛の指使いは笛を吹く指導者の背後から見て、同じように指を動かしていく。皆が練習する中で、太鼓のリズムがなかなかとれない人もいた。すると、前回の大祭の折に囃子をやっていた年配の男性が近づいて、正しいリズムを横で叩いて教える。それに合わせるように何度も叩き、そろうまで叩き続けていた。楽譜を参考にしながらも感覚で覚えていっているようだ。鉦も同様に習得していく。サクラバヤシの練習をしている時、年配の男性が「コンコンチキチ、コンチキチ」と言うのに合わせて、叩きながら何度もリズムを体に覚え込ませる。ちなみに太鼓は右手から叩き、鉦は内側側面を下上で叩くのが基本のようだ。

リズムを覚えるのにあたって、このようなリズムの言い回しは大変重要であると思う。演者の大半を音楽に精通していない人達が担う祭り囃子において、この言い回しが楽譜の代わりになるのだ。言葉で音の間と叩き方、音の長さを表現する。こういった音の間と長さは西洋的な表現方法である楽譜の拍子・リズムに必ずしも当てはまるものではないと思われ、それが囃子独特のリズムを作り出すともいえるだろう。

大祭が徐々に近づいてくる。九月初めには、ヒヒリヤを含めて全楽器を合わせて練習するが、太鼓のリズムが途中からずれてしまうのが課題であるようだった。ヒヒリヤの笛も難しいようで曲の部分練習などを行っていく。九月半ばには何度か合わせるうちに「もうちょっと早《はよ》やってみよか」と声がかかり、ペースを上げる合図や、また曲の始まり方・終

平成24年８月、川守の旧会議所内における囃子の稽古

わり方をどのようにするかなど練習の合間で相談がされ、その都度変更をしながら曲を完成させていった。

この頃にはオコシダイコの練習が始まった。また練習の後半になって囃子方が曲を習得するペースが上がったので、浅小井の祇園バヤシの残りの一曲であるヤタイバヤシを追加することも決まった。囃子方たちの覚えの早さには浅小井の指導者も驚いており、「これならヤタイバヤシもいけるんじゃないか」ということで提案したようだ。ヤタイバヤシは、もとはアップテンポで非常に激しい曲である。期間がもう少しあれば全部教えたかったと浅小井の人は話してくれた。しかし、習得しきるには期間が短すぎるため、今回、川守では浅小井の曲を簡易にしたものを演奏している。

大祭の二週間ほど前になると四曲通しでの練習が中心になり、さらに祭直前の一週間は毎日練習を重ねて、本番に向けて囃子は仕上げられていった。当日の演奏時間は十五分。囃子方たちは確認と調整も兼ねてすべての楽器を合わせて通す。九月二十七日の稽古では、開始から通しでの練習が始まった。いないメンバーも何人かいたが、囃子方は社会人がほとんどで全員そろうのはなかなか難しいようだ。練習には前回の大祭で囃子をやっていた人も協力しており、足りない部分はそういった人が代役をして補っていた。通しの練習をしながらヤタイバヤシの入り方について話し合う。通し練習の合間には鉦と締太鼓を合わせる部分練習もしていた。長い練習時間の中、旧会議所内には休憩中でも個人練習する姿が見られ、自分以外の楽器もやってみたりと熱心な様子だ。この日、出来上がってきた各曲については「浅小井の人がだいぶん違うて言うんちゃうか」とも話していた。

実際、筆者がせんぎり囃子の調査を通して思ったことは、囃子が伝わる時には少なからず創造を伴うのだろうということである。伝わった先で独自のアレンジが大なり小なり加えられ伝承されていく。例えばオコシダイコ、ヒヒリヤ、ヤタイバヤシの三曲は後半になるにつれてだんだんとペースが上がるようにアレンジされ、その際にはやはり「よりかっこよく」などを意識していただろう。どのように曲を演奏するかを考えることも楽しみながら、より耳触りのよい曲調に仕上がっていったように感じる。

また笛の装飾音についても創造といえる面がある。笛には音程が変化する際に装飾音が入れられることがあり、それはアドリブである場合も多く、感覚的に演奏される。囃子における装飾音はもともと楽譜通りに吹くものではないため、集団で吹くと音の長さもまちまちでバラバラした音に聞こえるが、これが囃子独特の印象を作る一つの要因となる。アドリブは遊び心や気持ちの高まりも表現してくれるものであり、非常に感覚的に自分の好きなところで装飾音を入れられることで、より賑やかになり囃子を楽しむことができる。特にヒヒリヤの場合が顕著であるが、装飾音は個人差が非常に大きい。川守の場合は浅小井の指導者の演奏を見よう見まねで、かつ短期間で覚えているため、装飾音についても指導者の演奏にほぼ準じて習得されている。しかしヒヒリヤは装飾音が多く、笛に触れて間もない人は簡易的に吹き、より演奏しやすいようにしている。

テンポであれ、装飾音であれ、こうした創造やアレンジは、実際に演奏する環境(担い手の技術、演奏時間の制限など)に大きく左右されていたように思う。そして練習を通して感じたのは、囃子をよりかっこよく、耳触りよくしようと働きかける意識だ。この式年大祭を通して感じたことでもあるが、純粋に祭りをより楽しいものにしようという人々の気持ちが、囃子の演奏にもよく表れていたのではないだろうか。

大祭当日

大祭一日目の朝、川守文化センターでは囃子方と猩々踊りの子どもたちの着付けが行われていた。談笑の声が響く囃子方の部屋を覗かせてもらうと化粧の真っ最中だった。白かベージュの下地で目元に赤く線をひいている。化粧の仕方は前回の写真を参考に囃子方が自分たちで考えたそうだ。猩々踊りの赤毛頭（シャグマ）、緑の着物、白く塗った化粧などといった格好と相まってなんとも雰囲気がある。ちなみに二日目の化粧も自由に作ったそうで一日目と変わっており、目じりに赤線を二本入れ（一本の人もいた）、鼻筋を白くしていた。中には目の下に赤と黒の線をひいている人もいて、思い思いのせんぎり囃子の囃子方のイメージを作り上げていた。

しばらくして会議所に向かうと、二階から囃子の音が聞こえ、直前の合わせ練習が行われていた。一日目の川守から苗村神社へ出発する前に、この会議所前で子どもたちによる猩々踊りとせんぎり囃子が行われる。せんぎり囃子は山車に乗り込んで演奏されるが、人数が多く乗り切らなかったのか、鉦の一人は山車後方の梯子に腰かけたままであった。

苗村神社でのせんぎり囃子の奉納

そしていよいよ苗村神社拝殿前での奉納。アナウンスが流れ、せんぎり囃子の奉納が始まった。山車の周りには緊張した様子でじっと見ている実行委員の人たち、カメラを構えるテレビ局のカメラマンや川守の人々、猩々踊りの奉納を終えリラックスした様子の子どもたちなど、大勢が集まって注目している。囃子方も皆、さすがに緊張している様子だった。

囃子方を一人ひとり紹介するアナウンスをバックに順調に演奏が進む。ところが、オコシダイコを演奏中、緊張からかリズムが乱れてしまった。周囲の実行委員から「合わせよ。合わせよ」と声がかかる。第一回目の奉納はそんな緊張感を漂わせつつも四曲を演奏しきった。囃子方もうまくいかなかったと思うところはあったようで顔を見合わせながら笑っていたが、広場中が川守の人々の拍手に包まれる。実行委員の人たちも「緊張しとる」と言いながら笑顔を見せていた。

大祭の最中、何度も演奏が行われた中、私が囃子方の人たち自身が囃子をとても楽しんでいると感じた場面がいくつかあった。例えば一日目のお昼頃、苗村神社楼門前の馬場での奉納の時である。途中、だんだんとテンポが速くなってくるとリズムに合わせて山車が揺れる。囃子方たちも自然と興が乗り、早くなるテンポに合わせて身体が動いていたのだ。四曲目のヤタイバヤシもテンポが速い。法被《はっぴ》を着た実行委員の人も、拍子をとりながらその様子を見守っていた。

奉納後の休憩中は山車の後方にブルーシートが敷かれ、囃子方もリラックスした様子で談笑していた。山車に乗って楽器を鳴らす人、ビールを飲む人など思い思いに過ごす。お昼過ぎ、子ども神輿の準備中にもせんぎり囃子が流れている。テープを流す時もあったが、不定期に集まっている人数で演奏する時もあった。奉納の時に限らず、楽器に触れ、リラックスした状態で演奏しているので、演奏中も時折笑顔が見られる。これこそ賑やかしという意味での囃子の役割を果たしている場面なのだろう。この時の雰囲気に失敗しないように、間違えずに演奏しようというのは感じられない。

途中、川守の人の知り合いだろうか。一人の女性が山車に近づいてきた。囃子のリクエストをした様子だ。すると囃子方は一曲だけ演奏をしはじめた。突然のリクエストにも応えて囃子が自由に演奏され、三十三年式年大祭という名称からはあまり想像できないような、賑やかで、担い手の人が楽しむことを軸に作られる祭りの様子が感じられた。

そうして楽しみながら囃子方が迎えた大祭のクライマックス、二日目の農村運動公園での奉納である。大祭を見に来た大勢の観客に囲まれ、緊張からか猩々踊りの鳴り物のテンポも速めになる。その後のせんぎり囃子も周囲の川守関係者は皆しゃがみ、静かに見守っていた。ここでは一曲終えるごとに曲の紹介が流れる形で演奏が進んだ。緊張感が漂う中でも、囃子方は四曲とも素晴らしい演奏をみせ、一日目よりもきれいに楽器が合った演奏でこちらも驚いてしまう。奉納後は演奏しながらの退場で休憩場所まで戻っていった。

この時の演奏はテンポの上がり方が皆きれいにそろっており、練習の成果をしっかりと見せるとともに、大祭で何度も奉納していく中で目指すものに近づきながら出来上がってきたように思える。本番であるからこその気持ちの高ぶりや、団結力が発揮され、より祭りにふさわしい囃子を皆で作り上げていくことができたのではないだろうか。

囃子の創造性

これまでの調査でせんぎり囃子を見てきて感じたのは、よく「伝統的」という言葉が用いられる祭りにおいて、囃子は音楽であるがゆえにその伝承には創造的な面を常に含んでいるということだ。今回は、他地域では何十年と重ねて行われる祭り囃子の伝承の過程を一度に凝縮した形で見たような気分である。もとの指導者のもとを離れることで、囃子が伝わった先での独自の創造が始まるのだ。三十三年に一度という長い期間を開けての大祭ということもあり、囃子方などの担い手に「伝統的」の意識はあまりなかったように筆者には感じられた。それも自由に囃子をアレンジしていった一つの要因だろうと思う。苗村神社式年大祭だからこそ、この創造性を直接見て、感じられたのだろう。

筆者自身も祭り囃子の演奏経験があるので、担い手の視点から、ふだん何気なく演奏していたものがこんなにも創造性にあふれていたのだととても新鮮な気持ちで、楽しみながら調査をすることができた。報告書の作成にあたり、聞き取りや調査にご協力いただいた川守の方々に心より感謝を申し上げたい。

【囃子】川上・「おにぎり村」の鷺ばやし

滋賀県立大学人間文化学部　四回生　**水野佑一**

ようこそ、「おにぎり村」へ

苗村神社にて行われる大祭で中心となる九村の中で、竜王町川上は一番規模の小さい集落である。人口は、平成二十六年（二〇一四）現在、戸数は十六戸、人口は六十五人。昭和五十七年（一九八二）には九十数人いたというが、この三十三年間で、就職や進学などで川上を離れる人が増加し、住民の少子高齢化が進行した。

その川上は「おにぎり村」と呼ばれている。「おにぎり村」の所以《ゆえん》は、もともと、川上では農業に携わる家、特に稲作を営む家が多かったことによる。また、もう一つの理由として、古くから九村の中でも川上の人口は少なかったと伝えられており、おにぎりのご飯粒一つひとつがしっかりとくっついているように、区民一丸となって町内の行事や日常生活で起こる困難な出来事を乗り越えていこうという姿勢を表現したものである。そのおかげか、竜王町の運動会では種目別の優勝経験が豊富である。

さて、前置きはここまでにして、読者には、この先に広がる「おにぎり村」の世界にお付き合い願いたい。

「鷺ばやし」とは……

古くから、川上では苗村神社三十三年式年大祭において「白鷺山（山車）」を奉納している。白鷺は昔から五穀豊穣を祝う鳥、百姓の神としてまつられてきたことから、五穀豊穣をお祈りするために白鷺山と名づけ、三十三年式年大祭に奉納されることになったと伝えられている。山車と共に奉納される囃子は、このことにちなみ「鷺《さぎ》ばやし」と称し、「川上村白鷺ばやし保存会」で代々引き継がれてきた。大祭では川上は笛、太鼓、鉦《かね》を担う若人八名の囃子方が、その「鷺ばやし」を奉納することになっている。

「鷺ばやし」の構成

「鷺ばやし」の曲目を奉納の順に紹介すると、囃子全体の名称と同じ「さぎばやし」、そして「高い山から」「木曽節」「桜囃子」「ノーエ節」「大間《おおま》」の合計六曲である。そして、その六曲を奉納した最後に再び「さぎばやし」で締めるという流れになっている。「さぎばやし」は川上で作成された曲なので必ず奉納することになっているが、その他の五曲は、短期間で習得できるものであるとして選曲された。ただ、「大間」だけは二日目と三日目のみに奉納された。

ここで曲目の中の「木曽節」に少々ふれておきたい。「木曽節」といえば長野県で誕生した民謡で、全国的にも有名な曲であるが、歌詞の中で古くから民衆の信仰が厚かった御《おん》嶽山《たけさん》が登場する。その御嶽山が平成二十六年(二〇一四)九月二十七日に噴火する出来事があった。交通機関や農作物、観光だけでなく、御嶽信仰の信者の心身にも多大な影響を及ぼした。その直後に五穀豊穣、息災延命を祈願する式年大祭が挙行された。そのため被害者の傷を癒すべく、川上村は木曽節を奉納することにしたという。その「木曽節」の音色はきっと竜王町の一角から、怒りを上げた御嶽山とその怒りを鎮めようとする信者および被害者のもとへ届いたに違いない。

さあ、スタート地点へ

「鷺ばやし」を演奏するのは、川上の若人である。川上第一集落センターに掲げてある由来書によると「若人八名」とあり、昭和五十七年（一九八二）の大祭ではこれに倣《なら》い小学生から中学生の八名で構成された。これに対し平成二十六年の大祭では、成人男性を含む十名という構成であった。

さて、ここで指導者となったのは、日野祭で囃子の指導を行っている男性二名である。川上には篠笛に精通している区民が存在せず、前回の大祭で奉納に携わった区民もどのように練習していたのか覚えていないという状態であった。そこで、区の実行委員長と副委員長が、ありとあらゆる知人を通じて指導者探しに奔走した。その際、竜王町に隣接している日野町での日野祭を見学したところ、その囃子がとても見事だったため、ぜひ日野祭で囃子の指導をしている方に指導をお願いしたいということになった。かくしてこのお二人が指導者を引き受けられたのである。お二人は、川上の囃子方に篠笛、太鼓、鉦全般にわたり指導を行った。

奉納の際に使用されたのは、七本調子で穴の七つあいたプラスチック製の篠笛と太鼓、

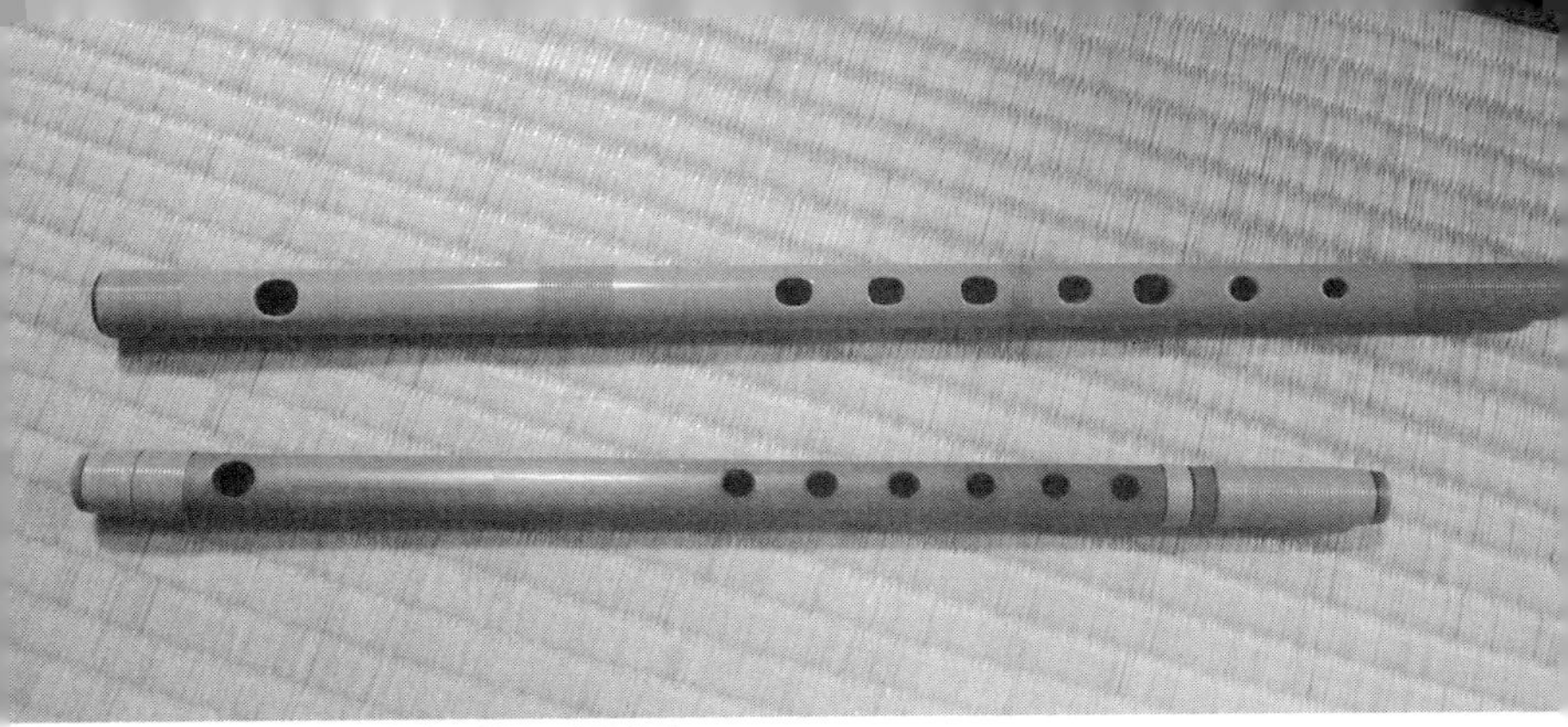

今回使われた篠笛（上）と前回の篠笛（下）

鉦である。ちなみに、七本調子の笛から奏でられる音は、小学校高学年の児童の歌声と同じような高さのものであるといわれている。これに対し前回の大祭では、八本調子の穴が六ヶ所あいた竹製の篠笛を使用した。この笛は七本調子の笛より丈が短く高音を奏でることができる。前回は、囃子方が子どもたちだけで構成されていたので、子どもの手になじむ八本調子の笛を採用したが、今回は成人男性が囃子方の中心となるので、より丈の長い七本調子のものを使用したという。掲載した写真は、上の笛が今回使用した七本調子の篠笛で、下が前回使用した八本調子の篠笛である。

稽古スタート

囃子の稽古が開始されたのは平成二十五年（二〇一三）十月のことである。その後翌年五月までは、稽古は月に一度、休日の夕方から夜にかけての二時間、先に紹介した日野祭の囃子の指導者二名を招いて行われた。私たちが初めて「おにぎり村」を訪れたのもその頃のことだったが、その際私たちは、川上での大祭実行委員から大祭に向けた準備の進捗状況についてお話をうかがった。この大祭に向けて川上では、平成十九年(二〇〇七)より毎月各戸から一定額を集金して、それを積み立てていたという。そして、川上で保管されていた前回の計画書や写真などの資料をもとに山車、衣装などをそろえることをうかがった。この時、私は区民の皆さんの几帳面さと大祭への思いに心を打たれ、至らない部分はあるかもしれないが、自分も立派な報告書を書き上げたいと決心し調査に挑んだ。

六月になると月に一回だけの稽古が二回に増え、私たちも稽古の様子を観察するようになった。この頃の稽古は、囃子方が指導者の指使いをまねて節ごとに吹くことができるようになることが目標であった。しかし、上達への道のりは険しいものであった。まず横笛は縦笛と違い音を容易に出すことができないのである。このような経験のない読者もいらっしゃると思われるので少々説明すると、まず、吹く時に一番上の穴を口で押えるのだが、口で押える面積を把握しないと音が出ないのである。私も囃子方の立場を共有しようと思い、横笛を拝借して下宿先で暇をみて練習してみたのだが、一つの音すら容易に出すことができなかった。次に音が出るようになったとしても縦笛と異なり、横笛ではなるべく息継ぎをしないように心掛けないと美しく演奏できない。おそらく、このことが一番の難関だろうと感じられた。囃子方から「ああ、えらい（疲れた）」や「頭がクラクラする」などの声がしばしば漏れていた。

六月から七月にかけて、このような基礎的な練習を中心に稽古は進められた。それと並行して、音を楽譜に起こす作業も進められた。前回も稽古に楽譜が用いられたのだが、これを前回の映像の音声と比較すると、ところどころに音の違いがみられたと指導者から指摘が出た。よって、今回改めて楽譜が作成された。指導者と囃子方が一体となって映像と楽譜をつき合わせて音の違いを認識していった。

七月の半ばを過ぎると、楽譜が完成してステップアップした内容の稽古が始まった。その頃、囃子方は各自、自主練習用に指導者の演奏をビデオカメラやスマートフォンで撮影するようになり、稽古への取り組みにも少しずつ変化がみられるようになっていった。

八月になると練習時間が長く確保されるようになった。回数に変化はなかったが、一回につき昼から夕方までの四時間に延びた。この頃になると難関の息継ぎの問題はクリアしており、演奏する曲目を通して練習する機会が増えていた。その上達は目を見張るものであり、もう完成間近という域にまで達していた。それもそのはず、この頃、囃子方は当然のように各自で自主練習を行うようになっていた。七月の時点で始まった自主練習は、八月になっていっそう熱が入り、集まって練習している際にもその話題が増えていた。

九月になると練習は全体の総仕上げとなった。囃子方の演奏はなめらかな音色が鳴り響くまでに上達しており、いつ奉納しても成功するのではないだろうかと思われた。九月の半ば、囃子方が村の住民を集めて山車とともに演奏を披露する機会があった。演奏直前、彼らは緊張の面持ちにも見受けられたけれど、演奏が始まるとしだいにその緊張はほぐれて、流れる音色が辺り一帯を包み込み、住民は皆演奏に魅了されていた。調査中の私たちも同様で、思わずメモをとる手を止めてしまいそうであった。終了後、住民も私たちも温かい拍手を囃子方へ送った。囃子方は安堵したような表情をみせていた。しかしそれも束の間、披露の様子を撮影した映像を確認して自分たちの演奏を修正していた。より美しいものに仕上げようという真剣さがこちらにも伝わってきた。

十月十一日、いよいよ大祭へ……

一日目。少し肌寒いが、きれいな朝日が見える気持ちの良い朝だ。この日は七時三十分より、川上の氏神をまつっている若宮八幡神社での出発式から行事が始まることになっていた。私たちは七時前に神社に到着していたのだが、数分もしないうちに実行委員長と囃子方が姿を見せた。やがて山車の曳き手や、祭りのために川上に戻ってきた家族や親戚も集まり始めた。皆これから三日間の大祭を楽しく成功させようとしていたが、無事に奉納ができるか、渡御の道中を乗り切ることができるのか、はたまた台風に阻まれないかなどの緊張や不安が垣間見えた。

そして、出発式を迎える。神社で参拝した後に囃子方による「鷺ばやし」が奉納された。さぎばやしのしっとりした音色から始まり、山車の曳き手一同も手拍子でそれに彩りをつける。その時、私は脚立の上からビデオカメラでその様子を記録していた。区民全員が三日間の成功を祈っているようにみえた。

奉納が終了し、苗村神社に向けて出発する。道中でも囃子方による演奏が行われていた。水田が広がる風景とともに耳にする音色は趣《おもむき》溢《あふ》れるものであった。どんどん先へ進みたがる子どもたち。徐々に柔和な表情をみせるも少々緊張した大人たち。それぞれの足取りで先へ進んでいた。

一行が苗村神社に到着した時には、すでに馬場は人でごった返していた。区民は奉納までの待機時間に、神社の拝殿で催されている神事やメインステージでの催し物を見物したり露店を巡ったりし、それぞれが祭りを楽しんでいた。調査中の私たちに、調査について尋ねてくださる人もいた。

いよいよ奉納……

九村による古式催しが進行し、ついに奉納が訪れた。大祭委員会関係者や見物人で拝殿前は埋め尽くされている。アナウンサーによる紹介が行われ、囃子方の挨拶に続いて、「さぎばやし」から奉納が始められた。出発式と同様に区民が手拍子で飾る。徐々に見物客も手拍子をはじめ、気付いた時にはその場に居合わせた全員が手拍子を行っていた。

無事に奉納が終了し、山車の曳き手が囃子方に大きな拍手を送った。拝殿前から馬場へ山車を移動させたのち、区民は、他の村の奉納や、メインステージでの催しを見物していた。その後、区民たちは餅まきで餅を掴《つか》むのに熱狂していた。

十月十二日、いざ農村運動公園へ

二日目。この日は、前日と打って変わって風の強い一日であった。また雲行きが怪しげであり、農村運動公園での奉納を行えるのか、そもそも、渡御行列そのものを全うできるのかも心配であった。そのような中で「おにぎり村」の一行は苗村神社を出発したが、農村運動公園までの道中で、晴れ間が差してすがすがしい空模様となってきた。道中では、囃子方による演奏が、ほぼ休憩なしに行われていた。

御旅所祭が行われたのち、九村による古式催しが始まった。一日目よりもはるかに見物客が増えていた。川上の一行が見物客の輪の中へ山車を進ませる。前日同様アナウンサーによる紹介と囃子方による挨拶に続いて奉納が始まった。一日目よりも早いタイミングで見物客の手拍子が聞こえてくる。そして何よりも囃子方と曳き手が、三日間を通して一番笑顔をみせていた。また、演奏も三日間の中で一番リズムの弾んだものであった。手拍子がだんだん大きくなるとともに、演奏も弾んでいった。調査など忘れて、私も曳き手や見物客と一緒に手拍子をしたり合いの手を入れたりしたかった。

この時の会場全体の様子を収めた写真が一枚ある。

曳き手や見物客に囲まれる中で、山車に乗った囃子方による「鷺ばやし」の奉納の一コマである。私たちは、楽しげな顔をみせながらもどこか神妙に演奏している囃子方を三日間見ていたのだが、農村運動公園での奉納が一番美しく、そして楽しく思えた。そして区民が一つとなって苗村の神に祈りを捧げた。

大祭２日目、農村運動公園における白鷺山上での奉納

奉納が終了し、一行が苗村神社へ到着したのち、台風の影響を考慮して、三日目の山車の奉納の中止が決定された。山車を曳いての渡御ができないことは残念だったが、それでもこれまでの二日間を無事に乗り切ったことに、区民は皆安堵していた。

やがて集落への帰路につく。オレンジ色の夕焼けを背に一行が歩む姿に風情を感じた。実は私は、このときの一行の姿が一番印象に残っている。区民が背中にその一日の思い出をのせて帰っているように思えたのである。

若宮八幡神社へ到着し、最後に全員で万歳三唱を行った。畏《おそ》れながら私たちも万歳三唱をご一緒させていただいた。

十月十三日、最後の奉納

三日目の朝九時に自治会長と囃子方、そして私たち三名の計十四名という少ない人数で苗村神社に向かった。人数が少なかったからか、全員がどこか寂しげで、それに呼応するかのように台風間近の空もどこか寂しげな模様をみせているように思えた。さきの二日間と異なり自動車で移動したため、あっという間に苗村神社に到着してしまった。

この日の奉納は神社に到着した順に行われた。いよいよ最後のお披露目である。七年にわたって準備を進めた式年大祭が幕を閉じようとしていた。幸い台風が襲来することもなく、区民も安全に渡御および奉納を無事に終えることができた。自治会長と囃子方は安堵の笑みを浮かべると同時に一抹のさびしさも見せていたように思えた。最後に私たちは会長と固く握手を交わし互いに労《ねぎら》いと感謝の言葉を交した。そして私たちはその成果を形あるものとしてお見せすることを約束し、苗村神社を後にした。

おわりに

この度、格式高い苗村神社の由緒ある三十三年式年大祭が無事に成功できたことは、「おにぎり村」の結束の固さ、三十余郷の祈り、そして苗村神社の神徳のおかげであるように思える。私たちはよそ者であるにも関わらず、村人たちに温かく迎え入れられ、惜しみない支援を受けた。この原稿も彼らの協力なくして成立させることは不可能であった。深く感謝の気持ちを申し上げたい。

さて、昭和五十七年と比較すると川上の人口は三十人以上減少した。海外から安価な食糧品が輸入されるようになり、地域社会で継承されてきた生業《なりわい》にわざわざ携わる必要はないという考え方が強まってきた。そして、若者は地方にはない新しくて、高収入を獲得できる職業に憧れ地方から都市へ移動していった。その結果、現在、各地方では少子高齢化が著しく進行し、古くから地域社会で育まれてきた文化を後世に継承していくことが難しくなってきた。

この大祭でも少子高齢化は課題となっており、「おにぎり村」では、本来子どもが囃子方の役を担うのが原則であったが、村にいる子どもの人数が少なかったため、大人もその役を担うことになった。囃子方を務めた大人たちは、子どもたちに地域社会の伝統を継承できたことに喜びを感じたと語った。また、川上から都市へ移った人たちは、大祭に関する話を川上に残った家族から聞くと、帰ってきて山車の巡行に大きく貢献した。川上に残っていた人たちは、そのことで改めて集落の結束の固さを再確認できたと語っていた。

次回の式年大祭は平成五十八年（二〇四六）である。「このまま少子高齢化が進行すると、地方の伝統や文化は衰退していくだろう」などと世間ではいわれている。しかし、この大祭で大きな成功を収めた「おにぎり村」なら、たとえ九村の中で一番人口が少ないといえども、「おにぎり」のようにギュッと団結したパワーで乗り越えていくと信じている。その時に「おにぎり村」の人々と再会を果たせることを心より望んでいる。

【踊り】伝統と改革、そして存続
――岩井集落の豊年踊りを調査して

滋賀県立大学人間文化学部　四回生　伊藤芹香

苗村神社三十三年式年大祭のメインといえる行事が、各集落による奉納である。私が調査を担当した岩井集落では「豊年踊り」が子どもたちによって奉納された。

岩井集落は、苗村神社から東に約一キロメートルの地点に位置する、人口約二〇〇名の集落である。集落の南端には八幡《はちまん》神社があり、社守《しゃもり》と呼ばれる交代制の神主が仕えている。この神社は誉田別尊《ほむだわけのみこと》を主祭神としてまつっており、苗村神社にてまつられている那牟羅《なむら》彦命《ひこのみこと》と親戚にあたると伝えられている。

今回の苗村神社式年大祭では、豊年踊りのほかに、甲冑《かっちゅう》行列、大太鼓《おおだいこ》飾りの龍の奉納を行った。この豊年踊りは、もちろん大祭ごとに岩井集落から奉納される伝統的なものであるが、調査を進めると、幾度もの改革が繰り返された、いわば伝統と改革の混在した奉納であることがわかった。本稿では、岩井集落の豊年踊りの伝習過程や大祭当日の動き、そして豊年踊りの伝統と改革について述べたいと思う。

豊年踊りとは

岩井集落の豊年踊りは五穀豊穣を祈り、その喜びを示す踊りである。毎回、集落に住む小学一年生から中学二年生までの男児が務めている。役割は、大太鼓・鉦・中踊り・踊り子に分担される。

前回の大祭では、大太鼓と鉦に各一名、中踊りに二名、踊り子に十三名の、計十七名が役割についた。奉納隊形は、踊り子十三名が二列に分かれ、向かい合う。その間に中踊りの二名が並ぶ。大太鼓と鉦は奉納場所の中心から少し離れた位置で、踊りの合図やリズムを担当する。踊り子は、列のまま前後に移動し、締め太鼓を叩いて「エーンヤ、コロコ、ヤーレサ、コロコ」といった掛け声を出しながら踊る。中踊りは、両端に紙テープの束が

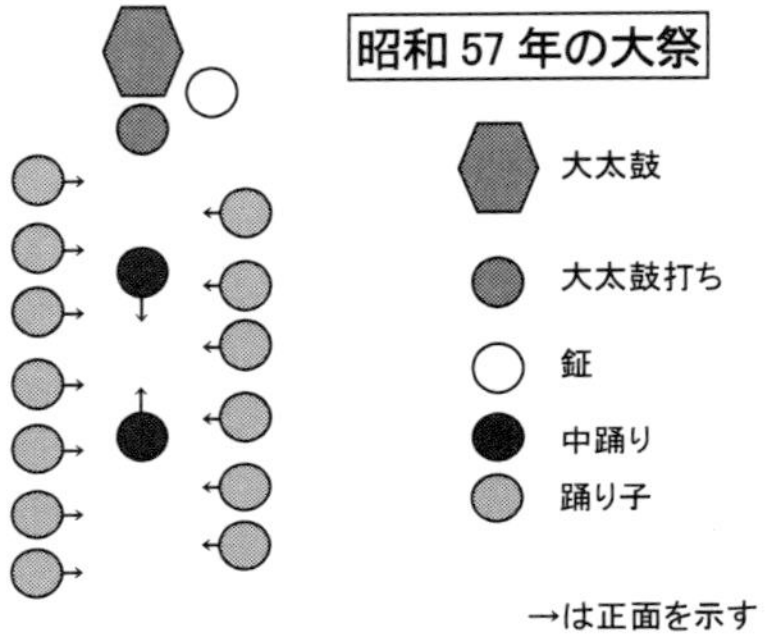

図 1　前回の大祭での奉納隊形

つけられた金色と銀色の棒をそれぞれが一本持ち、リズムに合わせて両手で棒をまわしながら踊る。

指導者による豊年踊りの改革

今回の大祭で豊年踊りを奉納するにあたり、岩井集落はある問題を抱えていた。それは、少子化による人数不足である。先述したように、前回の大祭では参加者が十七名であったが、それに対して今回は半数以下の八名まで減少した。そのため、奉納内容の大幅な変更を余儀なくされたのである。今回の大祭では、中学二年生の三名が、それぞれ大太鼓・鉦・中踊りを担当し、五名の小学生は踊り子を担当することとなった。

豊年踊りの指導者は、Ｋさんが担当した。Ｋさんは前回の大祭でも指導者を務め、また前々回の大祭では踊り子として参加していた。豊年踊りに関しては、集落一のベテランだ。そのため、踊りの振り付けや指導の大半はＫさんが一人で行っていた。

今回が二度目の踊り指導となるＫさんは一月ごろから、ずっと奉納の隊列や踊りについて頭を悩ませていた。前回二名であった中踊りは一名に、踊り子は十三名から五名に減少してしまった。どのような隊列で、どのように動けば、少ない人数で奉納を大きくみせられるだろうか。

隊形の案は主に三つあった。まず、前回同様、踊り子が二列になって向かい合い、その間に中踊りが立つ隊形。二つ目に、列を一列にする隊形。三つ目に、中踊りを中心として踊り子が円になり、右回りに回りながら踊る隊形である。

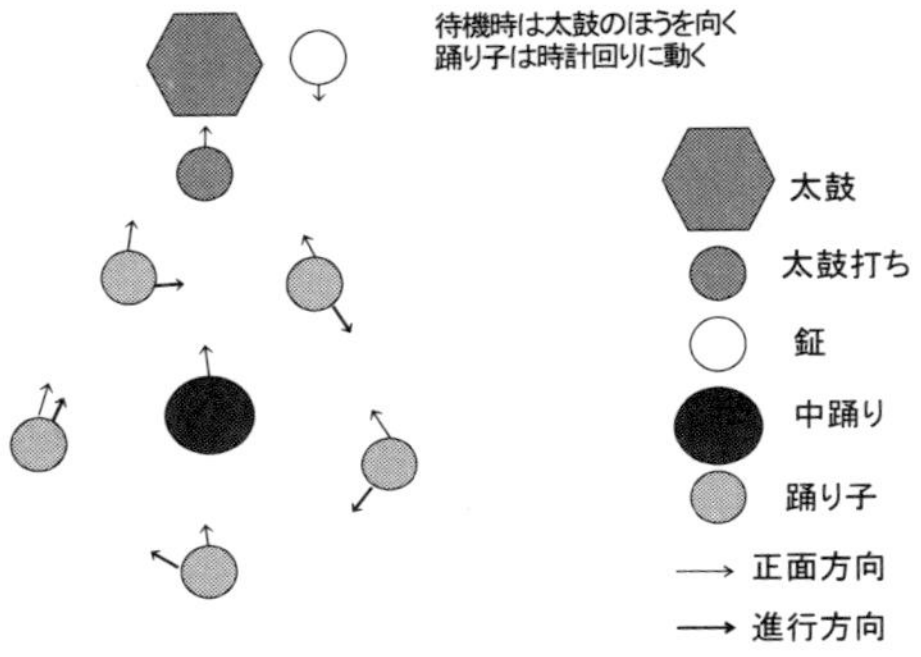

図２　今回の大祭での奉納隊形

この隊形の試行錯誤は、実際に踊りの練習が始まってからも行われた。踊りの稽古が始まった当初はまだ隊形が確定しておらず、実際に踊り子とKさんが三つの隊形を踊り、何度も試しては戻すといった試行錯誤が行われた。その結果、三つ目の案がもっとも大きく表現できる方法であると判断された。ちなみにこの案は、岩井集落に位置する岩井八幡神社の紋である巴《ともえ》紋を見てKさんが思いついたものだそうだ。

踊りの内容については、奉納中の踊り子による掛け声や、大太鼓の叩くリズムなどは前回のものを引き継いで採用したものの、中踊りと踊り子の動きはほぼ一新された。前回の踊りは、中踊りは二人一組となる踊り、また踊り子は二列になって前後に移動する踊りであった。しかし今回は隊形が大きく変更されたため、それに合わせた踊りに変更しなくてはならなかったのである。

上書きされ続ける踊り

子どもたちの夏休み前から、岩井集落内にある岩井農村公園にて、奉納の稽古が始まった。平日は学校があるため、稽古は主に日曜日に行われた。夏休みに入ると、二日に一度の頻度で、夕方に二時間程度の稽古が行われた。

稽古開始時刻の少し前になると、子どもたちとその保護者たちが練習場所に集まり始める。Ｋさんが大太鼓などを準備している間は、子どもたちは公園の木に登ったり自転車で走り回ったりして遊ぶ。時間になると、保護者が踊り子の腹部に締太鼓をくりつけ、稽古が始まる。子どもたちは塾やクラブ活動などの事情により、八人全員がそろって稽古に参加することは少なかった。欠席者の穴埋めはＫさんが参加して補う。指導者はＫさん一人のため、それぞれの役割に対しての個別指導に忙しく動いていた。

特に小学生の踊り子たちは、長い時間集中できず飽きてしまうため、長い稽古時間を確保することはできなかった。Kさんは前回の踊り指導経験から、その点を理解し、十分に配慮していた。例えば、一回分の通し練習をした際は、反省をしたのち、次の稽古までに少し間をあけた。また集中が途切れた子どもを厳しく叱ることはせず、できたことを褒める指導をしていた。踊り子の細かい動きなどについては、Kさんだけでなく中踊りを担当する中学生も面倒を見ており、その結果一日二時間という短い稽古時間でありながら、非常に効果的に稽古を行うことができた。

Kさんは、良い奉納の方法や練習方法がないかを常に模索していた。何度も踊りを変更したり、時折他の集落の進捗状況を気にする様子からは、困惑や焦燥が感じられた。指導経験が二回目であるとはいえ、三十三年に一度の大祭での奉納は大舞台であり、指導者として重圧がかかっていたのだろう。毎回の練習に、子どもたちよりも早く練習場所に赴き、練習に必要な準備をし、練習中は丁寧かつ熱心に子どもたちを指導する様子からは、奉納を成功させようとするKさんの強い責任感が感じられた。

そのKさんの気持ちを感じ取ったのであろうか、子どもたちの練習に対する姿勢も非常に熱心であった。練習と遊びの気持ちの切り替えがしっかりとしており、練習が始まると全員が真剣な表情に変わった。祭りのために踊りを練習することは、小中学生にとっては

岩井農村公園での踊り子たちの稽古

恥ずかしいことに感じられたり、面倒に思ったりするのではないかと私は考えていたが、それは大きな問題にならなかった。子どもたち同士で指摘をし合い、一つひとつの動作を丁寧にしようとする姿勢からは、むしろ踊り子たち自身も奉納に対して責任を感じていたのではないかと感じられた。

このようにKさんと踊り子たちの双方の意欲により、踊りはめきめきと上達した。大祭が近づく稽古終盤に至っては、練習の度に成長が感じられた。足の動きや移動の歩幅がバラバラであった五人の踊り子たちは、しっかりと動きを覚え、全員がそれを合わせられるようになった。中踊りの動きは、地面から腰丈ほどの長さの棒を振りながら、回転したり、跳ねたりする、非常に複雑な動きをするものであったが、動きを習得するにつれて、腕の上げ下げなどにメリハリが出るようになった。鉦と大太鼓も的確なタイミングで良い音が出せるようになり、踊り全体にまとまりが感じられた。

大祭当日にみられる奉納の効果

大祭当日の踊り子たちの朝は早い。各家庭で起床し、風呂と朝食を済ませた後、六時頃から岩井集会所に集合し、着付けを行う。踊り子たちの保護者が着付けを行い、岩井集落内で美容院を営む女性が化粧を施す。

衣装は、前回の大祭に用いたものを引き続き使用している。これは、前回に踊り子を担当した子どもの母親が各自作製したものである。また、大太鼓・中踊り・鉦の三名は頭に陣笠をかぶり、踊り子はワラで作られた花笠と蓑《みの》を着用した。花笠は、前回のものに似せたものを今回新たに作製した。中踊りで用いる棒には緑の柄の両端に、金のテープを束にしたものが付けられている。これは豊年踊りの由来である「豊作の喜び」にちなんで、イネを表しているのだという。前回大祭では、中踊りの棒は金と銀の二本であったが、今回中踊りが一人になったことを理由に、中踊りの棒にも変化が表れているのである。

化粧は、汗をかいても崩れないように化粧下地をつけ、おしろいを塗り、目尻に赤いラインを入れ、口紅を塗っていた。踊り子たちは落ち着かない様子で部屋をうろうろと移動していた。

踊り子たちの最初の出番は、大祭一日目の朝七時半から岩井八幡神社にて行われる出発式である。踊り子たちは背筋を伸ばし、顔を強張《こわば》らせており、緊張が感じられた。

保護者や関係者たちが息をのみ、静まり返った神社境内で、いよいよ奉納が始まった。踊り子と中踊りが入場し、力強い大太鼓連打の音が、集落中に響いた。二回、目が覚めるような鉦の音が鳴ったのち、踊り子たちが掛け声を出しながら踊り始める。前回の大祭に比べ、奉納の参加人数は半減しているが、Kさん考案の円を描く動きによって、境内を広々と活用していた。保護者たちは境内の端から、踊り子たちの晴れ姿を熱心にビデオやカメラにおさめていた。奉納が終わり、退場の合図である大太鼓の音が鳴ると、歓声と拍手が沸き起こった。踊り子たちが一礼すると、Kさんからは笑顔が見られ、今までの練習の成果に安心した様子だった。

出発式が終わると苗村神社に移動し、神事や各集落による古式催しが行われた。古式催しの三番目、十一時半頃が岩井の豊年踊りの出番である。豊年踊りの説明がナレーションで放送されたのち、一同が整列、一礼し、奉納が始まった。朝の奉納とは異なり、非常に多くの観客に囲まれながらの奉納であったが、踊り子たちは堂々とした動きを見せた。

大祭二日目は、苗村神社から農村運動公園に渡御をしたのち、十二時半頃に奉納場に登場した。昨日の苗村神社境内とは打って変わり、広いグラウンドの中央で、昨日よりもさらに多くの観客に見守られながらの奉納であった。また、この日の奉納は今までの奉納とは異なり、奉納の途中で大太鼓連打を入れるなどの変化があった。後日Kさんに話をうかがうと、奉納時間を長くすることを目的とした工夫であったのだという。奉納が終わり、退場したところで盛大な拍手が沸き起こった。

奉納が終わった後、Kさんを訪ねると、「どうやった?」「よかったやろ」と満面の笑みを浮かべながら、誇らしげに語った。長い期間指導者として務めた苦労は、最高の奉納が行われたこの瞬間に報われたのである。Kさんと踊り子たちの示した「豊穣の喜びの心」は、きっと苗村神社の神様にも伝わったことであろう。

積み重なる改革と受け継がれる伝統

苗村神社三十三年式年大祭は、慶長四年(一五九九)から三十三年ごとに行われ、そこで行われる岩井の豊年踊りもまた、伝統ある奉納である。その伝統は今回の大祭にも受け継

大祭1日目の奉納。中踊りを中心に、踊り子が円を描くように踊っている

がれ、この大祭の歴史の一部となった。

しかし、この大祭でいう「伝統」は、前回あるいは第一回の大祭と全く同じものを行うことを示すわけではない。

毎年祭りが行われている場合は、時代の変化に合わせて徐々に祭りの形態も変化する。しかしこの大祭は、三十三年に一度にしか行われないため、三十三年分の時代の変化が一度の大祭で押し寄せるのである。いわば、歴史の流れを早送りにして見ているようなものである。

岩井の豊年踊りは、少子化の影響で奉納の参加者が少なく、前回大祭の奉納内容を大きく変更することを余儀なくされた。三十三年前にはなかった少子化という時代の流れが、岩井の豊年踊りに変化を与えたのである。しかし、Kさんが奉納の改革をするにあたってもっとも大切にしていた「豊穣の喜びの心」は、豊年踊りの「伝統」として、変わることなく受け継がれている。

三十三年前である前回大祭とは時代が大きく異なり、前回の内容をそのまま再現することは不可能であることも多い。そのため、「伝統」を大切にしながらも、常にその時代に合った改革が行われているのである。

四〇〇年以上の歴史を持つ伝統的な苗村神社三十三年式年大祭は、数々の改革が積み重なって行われてきた祭りである。その伝統は次の三十三年後、またそれ以降の未来に受け継がれていくことであろう。そのたびに、時代の変化がもたらす問題が生じるに違いない。しかし、今回や前回までの大祭がそうであったように、今後の大祭も、時代の変化に合わせた改革を積み重ね、伝統を受け継いでほしいと願う。

【踊り】奥村の田刈り踊り・志っぽろりの復元

滋賀県立大学人間文化学部　四回生　**佐原未紗**

はじめに

奥村は竜王町の林と庄、近江八幡市の浄土寺の三つの集落を合わせた組織である。林は世帯数九十九戸で人口が三六五人、庄は世帯数二十九戸で人口が一二三人、浄土寺は世帯数が二十二戸で人口が六十九人であり、苗村神社から見て北に位置し、大祭に参加した集落の中では一番苗村神社から離れた場所にある。

奥村には「田刈り踊り」と「志っぽろり」の二種類の踊りがある。二つの踊りといっても、それらが別々に踊られるわけではなく、田刈りを踊る列と、志っぽろりを踊る列が並び、同時にそれぞれの踊りを奉納していた。踊りは林と庄の小学生の踊り子十二人（男児九名・女児三名）と各村から出された鉦と大胴《おおどう》（大鼓）がそれぞれ三人、笛が二人、大太鼓

林公民館グラウンドにおける田刈り踊りと志っぽろりの披露

が一人という構成で行われ、列奉行と呼ばれる役が打つ拍子木《ひょうしぎ》で始まり、冒頭に音頭取りの「田田《だんだ》かれかれ日和は良いぞ」の掛け声で踊り始める。列は左右それぞれ三人ずつ並び、田刈り踊りと志っぽろりの二つを合わせて一列六人ずつ並び、周囲を具足という鎧を着た人々に囲まれるような形で踊りを奉納する。

志っぽろりは、「しっぽくおどり」という言葉が訛ったものであるが、長崎発祥の宴会料理・卓袱《しっぽく》との関係は不明である。

志っぽろりでは、踊り子たちは頭には「さっきょ」という歌舞伎で使う獅子のかつらのようなかぶり物をかぶる。女子は赤、男子は白いさっきょをそれぞれ用いる。そして首から小太鼓をかけて腰に固定して、踊りを披露する。踊りは二列が向かい合って、両手両足を交互に上下させ小太鼓を叩きながら行う。六人が同時に大太鼓や囃子に合わせてその場で行進するような格好で、「しっ、ぽろ、り、ぽろ、り」と掛け声をかけながら踊る。前回は男子のみであったが、今回は女子も志っぽろりに参加していた。

田刈り踊りは田の稲を刈るような動作を行う踊りである。踊り子は花笠をかぶり、右手には刃の部分も含めて木で作られた鎌、左手には扇を持つ。踊りは、直立して正面を向いた姿勢から、まず二歩前に出て、腰を低く落として左手に持った扇を稲に見立てて地面近くに手をのばし、右手でその扇の稲を「ごりごり」とイネを刈る動作を行う。

私が初めて参加した踊りの稽古の調査は、平成二十六年（二〇一四）七月二十六日の稽古の打ち合わせであった。まだ日程の打ち合わせだけであったが、踊りの指導をする大人たちは踊り子となる子どもたちに対して熱心に前回の踊りの映像や衣装を見せて説明をしていたのに対し、子どもたちはおしゃべりしたり、遊んでいたりした。この時は両者に大祭に対する思いの温度差があると感じられたが、のちに両者は大祭に向かって一体となって踊りの稽古に取り組んでゆくのである。

指導者による踊りの復元

踊りの指導を担当したのは、前回の大祭で田刈り踊りの踊り子を務めた方を含む、踊り部会という組織の方々である。指導には前回残された、踊りの所作を文字で記した資料、そして大祭本番および練習風景を記録した映像資料が用いられた。

映像を拝見させていただいたが、それほどひどい劣化もなく、各集落の公民館にも前回の写真が保存されていた。庄の公民館で集落で祭りや行事があった際に公民館にアルバムを残すようにしているという話を聞き、行事を継承しようとする集落の人々の強い意志を感じた。この三十三年式年大祭を次回につなげ、残さねばならないという思いも伝わってきた。

前回の踊りに関する資料はこれらのほか、一部の衣装も残っていたが、それでも復元に際して苦労はあった。田刈り踊りでは前回参加された方が指導に当たっていたが、その方も踊りの細かい動作については覚えていない点があり、映像・文字の資料を見返してゆく中で思い出しながら子どもたちの指導に当たっていた。

より問題になったのは、志っぽろりである。こちらは実際に踊った体験者がおらず、踊り子部会の指導者たちが前回の映像と文字資料から踊りを再現した。文字による踊りの説明も見せていただいたが、古い言葉遣いだったこともあり、それだけでは踊りの様子が想像しづらい。そこで指導者たちが、残っていた映像を流して文字だけではわからない細かな動きの確認をしていた。だが、子どもたちに説明をする際には、指導者の方も踊りの振り付けや踊りの中で列が入れ替わる場面でどのように動いたらよいのかを、想像しながら教えざるを得なかった。それでも、この映像がなければ最終的に踊りが完成したかどうかわからなかっただろう。

踊り子たちの稽古

八月六日に第一回の踊り稽古が行われた。まずは林公民館内で練習委員長の挨拶が始まり「祭りの華は踊りなんです。皆さんにかかっています」と激励する。子どもたちは真剣な顔をして話に耳を傾ける。挨拶ののち、「とりあえず観てもらおうか」と委員長がＤＶＤを付けて全員で視聴した。子どもたちは振り返ってお互いに話しつつ、映像に向かって指をさしながらＤＶＤを見たのち、志っぽろりと田刈り踊りのそれぞれに分かれて練習を行った。

志っぽろりの稽古では、踊りの練習に入る前に以前配った踊りの動作を書いた紙を出して、それを見ながら練習することになっていたが、大半の子どもがその紙を忘れてきていた。指導者たちは、「持ってこないと練習できへんよ」と笑って、子どもたちに紙を配り、ようやく練習が始まった。

指導者たちは紙を見ながら「左足を上げて右手を上げる」という踊りの最初の動作を子どもたちに教え一緒に踊った。しかし「シーッ、ポ、ロリ、ポロ、リ」の掛け声に合わせて踊る際に指導者も含め、掛け声と動作が合わなかったり、左手でなく右手を上げてしまったり、掛け声を忘れて動きだけになってしまったりしてなかなか上手くそろわない。「声忘れてるやん」と指導者が笑いながら声をかけると、「わからへんて」と返し、動作と声を同時に行うことが難しいようであった。

踊りの動作についても、「大きくしないときれいに見えない」ということで大きく手を振るようにという指導がなされていたがＤＶＤと動きが合わず子どもたちはもどかしそうに苦笑いしながら練習をしていた。

一方、田刈り踊りの稽古では指導者が「カン、カカ、ヤッサ、ボリボリ、左、右」という掛け声と鳴り物の音楽を口ずさみながら練習を行っていた。田刈り踊りを一通り踊ってみたところで、「どこがアカンか、みんなでチェックしようか」と指導者が子どもたちを二人ずつ踊らせて動きの確認をしようとした。一人の子どもは「えっ、恥ずかしい！　それはアカン！」と不満そうに声をあげていたが、そのまま二人ずつ田刈り踊りの子どもたちの前で踊ることになった。足の動きを間違えて「間違えた」とはにかむ子どももいた。第一回の稽古ということもあって、しばらく練習していた子どもたちは自分たちの踊りにまだまだ自信のない様子であった。

子どもたちの成長

九月十二日、一ヶ月間、上達してきた子どもたちがいよいよ屋外で練習をする回である。屋内での練習では、子どもたちは映像や紙で動作を確認できたが、屋外の練習では、自分の記憶と指導者からの指導だけが頼りである。田刈り踊りと志っぽろりの列がそれぞれ本番のように並び、鳴り物も参加した。練習では主に二つの踊りと鳴り物を合わせてみて、うまくいかなかった点を直すのが中心であった。

屋外の稽古では屋内よりも声を張り上げないと、踊りに元気のない印象を与えてしまう。掛け声が小さかったので、指導者たちはもっと大声を出すように指示し、自分たちもより大きな声で掛け声を出して踊り子たちにも声を張りあげてもらおうと懸命だった。

練習の最初の時期、子どもたちは、練習に取り組む時もじゃれ合って遊んでいる姿が多く見られた。しかし、指導者たちから踊りの指導を受けるにつれて、取り組む姿勢も変化していった。注意を受けていた声の大きさも、恥ずかしがって声が小さかった序盤と比べると終盤になるにつれて意識して踊れるようになった。屋外練習の休憩中、子どもたちに話を聞いてみると「(練習は)簡単だし、楽しい」という声を聞くことができ、その姿には余裕もあった。子どもたちは日々の練習で技術だけではなく、自信もつけていったのである。

大祭当日の披露

大祭本番は、一日目と二日目は天気にも恵まれて最高のコンディションであった。ちょうどこの時には台風が接近しており、大祭そのものの開催が危ぶまれていたが、それを全く感じさせない絶好の祭り日和であった。

一日目、二日目ともに朝、苗村神社への渡御に向かう前に、練習していた林公民館のグラウンドの前でお披露目が行われた。早朝から踊り子の親族や住民ら、多くのギャラリー

大祭２日目、農村運動公園での踊り奉納

がグラウンドに押し寄せた。しかし、踊り子たち、周囲を取り囲んでいる具足の方々、写真撮影の係になっていた方まで皆さんがのびのびとして、朝一番にも関わらず、非常に元気な様子であった。列もしっかりそろい、鳴り物の音と踊りの動作も合っていた。声も会場全体に響き、踊り子の声は鳴り物にも負けないほどであった。日頃の練習の成果を十分に発揮し、精神的にも非常によい状態で本番に臨むことができていたように思える。

苗村神社での奉納はお昼時の一番疲れが出てきそうな時間帯であったが、入場した踊り子たちは堂々としていた。周囲を具足が囲んだ光景は迫力があって、近くでカメラを回していた我々のみならず、会場全体が圧倒されていたと思う。開始時間が少々遅れるというアクシデントにも見舞われたが、踊りの奉納は朝と同じように完璧な仕上がりであった。披露自体は六分ほどで、あっという間であったが、その短い時間の間にも十分人々の心に残る踊りができたのではないかと思われる。

二日目の川守の農村運動公園における奉納も前日同様に天気がよく、強い日差しの中で披露が行われた。奥村を紹介するアナウンスののちに踊り子たちが入場する。踊り子たちは少々緊張した面持ちで、踊り始めの掛け声を背筋を伸ばして待つ。そして前日の苗村神社よりも多くの観客が見守る中での奉納が始まった。踊りは身に着けた技術が十分に発揮され、指導者たちの期待以上の出来であった。奉納が終わると大きな拍手が起こり、一同は晴れ晴れとした表情を見せていた。指導者たちは奉納を終えた子どもたちに歩み寄って「良かったやん」と声をかけ、子どもたちも大きな会場での奉納を終えた安堵の表情を浮かべていた。そして奉納を終えたばかりにも関わらず、元気よく控えのテントへ戻ってじゃれ合っていた。

大祭本番はミスすることなく、日々の練習を生かして披露することができた。しかし、初めに述べたように、最初からスムーズに踊りの指導が進んだわけではなかった。踊り奉納の成功の陰には先ほど述べた指導者たちの努力があった。踊りを知らない子どもたちを一から指導し、教える側も限られた資料を頼りに踊りを一緒に覚えなくてはならなかった。そうした困難な作業を根気強く行った結果、踊りの復元ができ、そして踊り子たち自身も練習を通じて成長したことで、奥村の踊りの奉納は成功したのであった。

コラム

祭りの継承と年齢構成の変化

滋賀県立大学人間文化学部　助教　中村好孝

毎年行われる祭りであれば、基本的に前年と同じことをすれば良い。しかし苗村神社三十三年式年大祭ではそういうわけにはいかない。そのため、芸能の継承は、前回（一九八二年）の記憶、文章の記録、部分的に残っていた映像などを確認しながら行われていた。

そのような光景は、「鷺ばやし」などの曲目を笛、鉦、太鼓で奉納した川上でも見られた。川上の奉納は、前回から曲目の一部が変更されたが、もう一つの大きな変化は囃子方の年齢構成である。前回は小中学生の子どもで構成されていた。しかし今回は、囃子方の構成は最終的に未成年が一名（ただし当初の役付け案では三名）、成人が九名になった。

前回（1982年）の川上の囃子方の練習風景

今回の川上の囃子方

しかしそもそも、特に新しいことがなければ、前回と同じ年齢層に役付けをすることになる可能性が高いだろう。なぜ今回は、三十三年前と同じ曲を、同じ囃子方が奉納することになったのだろうか？　囃子方の年齢構成が上へスライドしたのは、川上の子どもの人数が減り、住民に小中学生が数名しかいないからである。そのため、川上の今回の囃子方の中には、前回、小学生や中学生として囃子方を経験した方もおり、「まさか再び笛を吹くとは思っていなかった」とおっしゃっていた。

(1)前回、自分が子どもの時に囃子方として演奏した。(2)その映像が残っており、今回の指導者がそれをスマートフォンで録画して持ち帰り、聞き取って再現する。(3)その指導者の再現演奏を前回の記憶と付き合わせて確認する。(4)その演奏の仕方を指導者に教わって、三十三年ぶりに同じ鷺ばやしを奉納する。という複雑な流れで、芸能は継承された。三十三年を隔てて継承するには指導者や映像が必要だったが、奉納する曲目も囃子方メンバーも部分的には同じであり、しかし役付けの年齢構成としては変化があった。

このように、役付けの年齢構成が変化する要因の一つは、住民の年齢構成の変化である。それとは違った理由で、逆に年齢構成が若くなった場合もある。奥村で「田刈り踊り」などを奉納する踊りの役付けは、前回はまず三十歳から順に役が当てられ、そして実際に踊るのは私的に代役を頼まれた親類などの子どもであることが通例だったとのことである。この前回の役付けには子ども会は関与していなかった。今回は、小学校四年生以上という条件付きで役付けを子ども会に依頼した結果、踊り手の中心は小学生になった。今回、子ども会が関与することで、踊りの役付けの年齢構成が変化したわけである。この場合、前回、子どもとして踊りを経験した方が、今回の子どもたちに踊りを指導して、芸能が継承される。

前回の川上や、今回の奥村のように、子どもが公式に役付けされる結果、大祭のルールと子どもの日常世界とが接することになる。前回大祭時、そのような大祭と子どもの日常との接点の中心にあったのは、おそらく学校であった。前回の大祭日程は十月十日(日曜日・体育の日)、十一日(月曜日・振替休日)、十二日(火曜日)に行われたが、三日目は学校があったため、川上の区長名で、三日目の大祭参加について学校の配慮を求める「欠席についてお願い」という書類が出されている。幸い、今回の大祭日程は土曜、日曜、祝日の三連休であり、子どもたちは学校を欠席する必要はなかった。しかし今や子どもの世界は学校だけではない。奥村の踊り稽古の日程は、子どもの会の行事やスポーツ少年団の行事、家族旅行の予定を聞いた上で調整されていた。

前回と今回の間に、変化がありながらも祭りは継承された。今回その中で目についた変化は、参加者の年齢構成であった。おそらく前回以前も、いろいろな変化がありつつ継承され続け、回を重ねてきたのだろう。というよりも、変化してきたから継承できたという面もあるのかもしれない。

【踊り】田中・稚児舞の舞台裏

滋賀県立大学人間文化学部　四回生　佐藤琢磨
滋賀県立大学人間文化学部　三回生　渡邊文乃

田中は、苗村神社より約一キロメートル南にある集落である。総世帯数は四十六世帯、人口は一八〇人で、農業を営んでおられる方が多い。竜王町でもっとも早く集落営農に取り組んだ地域でもある。初夏のころには黄金色の小麦が、秋にはたわわに実った稲穂が集落を囲む田畑一面を彩る。

田中では今回の式年大祭で、綾戸とともに「子之初内」として苗村神社への奉納を行った。そのうち田中の方々のみで担われたのは、山車である「春日山鉾」の製作と、青年たちによる山車の上での囃子の演奏、そして「稚児舞」である。

本章ではこれらのうち「稚児舞」についての舞台裏をお伝えしたい。稚児舞では、囃子方の演奏する「越天楽《えてんらく》」という楽曲に合わせ、二人の稚児が小太鼓と金扇《きんせん》を使った舞を山車の上で披露する。稚児は頭に金の飾りをつけ、稚児用の赤い着物に紫の袴を履く。金色の小太鼓を首からさげ、舞の最中は黒色のバチと金扇を持ち替えながら舞う。

「越天楽」は、雅楽の「越天楽」をもとにした、非常にゆったりとしたテンポの伸びやかな笛が印象的な曲であり、稚児舞はこの曲を伴奏として奉納される。舞に先立って、春日山鉾《やまぼこ》と奈良の春日大社との関係を表わした「春日山縁起《えんぎ》を寿《ことほ》ぐ」と、春日山鉾の鮮やかな朱色のモチーフになった春日大社について紹介する「春日大社御由緒」という二つの文章が稚児たちによって奉読《ほうどく》される。

大祭の三日間にわたって人々を魅了し続けた華やかな舞が完成するまでには、いったいどのような努力と、人々の協力があったのか。ここでは、お稚児さんたちが優美な舞の踊り手へと変身していった練習の様子や、大祭当日の舞台裏の様子、そしてお稚児さんを支え続けた地域の人々の姿をお伝えする。

「お嫁さんみたいに」 ―お稚児さんの練習風景―

平成二十六年（二〇一四）七月二十三日、私たちは初めて稚児舞の練習を見せていただいた。「稚児舞」の稽古は、大祭の三ヶ月前より始まっていたのだ。

稚児を務めるのは、田中に住む二人のかわいらしい少女である。昭和五十七年（一九八二）の大祭では男の子が稚児を務めていたが、男子の稚児の年齢と同じ年齢の二人の子を探したところ、女の子になったそうだ。そのうちの一人は、前回稚児を務めた方の娘さんでもある。

師匠を務めるのは、前回大祭において「越天楽」稚児舞の振り付けを担当した女性。前回の大祭で奉納された駕輿丁《かよちょう》のあやめ踊りの師匠や、近江神宮の巫女も務めたことのある、経験豊かな女性である。

練習はまず、歩き方の指導から始まった。師匠は二人の稚児を畳の両端に立たせ、畳の縁に沿って真っ直ぐに歩かせる。右足、左足の順に、小股の摺《す》り足で、一歩一歩、足の出し方をやって見せ、教えながら指導する。「お嫁さんみたいに」と、歩き方を師匠がアドバイスする時もあった。稚児が男の子から女の子になったためか、師匠は「女の子らしさ」を引き立てることを意識して指導していた。

この日練習を見守っていたのは、大祭までの準備と大祭期間中に田中を統括する、大祭実行委員の二人の男性。慣れない歩き方のせいか、固く、ぎこちない動きになってしまう稚児に、「そんな固くならんでもええ。普通に歩いてみ」と言葉を掛ける。すると、稚児

田中農業構造改善センターで師匠の下、練習に取り組む二人の稚児たち

の動きからぎこちなさが消え、師匠がやって見せた歩き方に少し近づいた。練習を見守る男性たちからは、「おぉ、うまいうまい」「かわいらしうなるんやろうなぁ」と、声が上がった。

師匠からは厳しい言葉も掛けられる。稚児の動きがぎこちなくなると、「ちゃんと（歩き方が）お姉さんの足になっていない」と注意が飛び、「上手に踊りはんなーと（お客さんから）思われるように、ぐっと構えておいて、固くならず、自然に歩く」とアドバイスする。師匠の言葉に耳を傾ける稚児の表情は真剣そのもの。まるで本物の役者のようであった。

師匠がやって見せ、アドバイスをもとに稚児が練習し、稚児の動きを見て、また師匠がアドバイスをし、動きをやって見せ……と、初回の練習は五十分ほどの長さであったが、中身の濃いものであった。足の出し方、扇を持つ時の手の添え方、顔の向き、客席に「礼」をする時の足の位置など、稚児の動き一つひとつに細やかな指導が入る。「女の子らしさ」を意識して舞を練習する稚児を見て、前回の大祭の稚児舞を知る男性は、「(前回の大祭の舞と)ぜんぜん違う」と、驚いていた。

練習が終わると、師匠や稚児の保護者の方と一緒にほっと一息つく。稚児たちには母親から、集落の方が差し入れたジュースを手渡された。床の間に置いてある菓子の前で、「何がいい?」と母親から勧められる稚児の表情は、役者の顔と打って変わって子どもらしくほころぶ。華やかな舞の踊り子が、普段の和やかな表情を見せる瞬間でもあった。

地域の人々に見守られて

稚児たちの練習は夏休みより始まり、大祭までの三ヶ月間にわたって行われた。八月中は週に二回であったが、九月、十月と徐々に回数が増え、本番まで続けられた。夏休みの間、師匠の演技を見せてもらい、師匠の動きをまね、時に厳しい指導を受けながら練習をしていた稚児たちは、練習が進むにつれ、師匠の動きを見なくとも二人で踊ることができるようになった。互いに目配せをしながら演技をし、扇を客席に向かって構えるシーンや、バチを突き出し、体をくるりと回すシーンなどの見せ場もぴったりと息が合っていく。練習着が私服から浴衣《ゆかた》になると、稚児は浴衣のすそをそっと掴んであげてみせ、舞の細やかな場面にも師匠が強調していた「女の子らしさ」がにじみ出るようになった。顔つきも大祭が近づくにつれて少しずつ、最初の頃に見せていたあどけない表情から凛《りん》とした役者の表情へと変わっていった。

田中の人々はずっと稚児たちのハードな練習をサポートしていた。稚児たちが舞で使うきらびやかな金扇。これは、大祭実行委員の高橋秀男さんが苦労して探し出してきたものである。

また、田中の人々の経験も、稚児舞に活かされることになった。初回の練習を見守っていた人々の中に、前回の大祭で稚児舞を見ていた方たちがいた。また、先述の通り、稚児のうちの一人の父親は前回の大祭で稚児を務めた人物でもある。前回も振り付けを担当した師匠とはいえ、舞のすべてを細部にわたって記憶している訳ではない。そのため、舞の振り付けはしばしば前回を知る田中の人々の記憶を頼りに再現された。

例えば、練習を始めたころ、稚児が手に持ったバチを置いて扇に持ち替える際に、太鼓は身に着けたまま演技していたのか、それとも誰かが取り外していたのか、師匠にもはっきりとはわからなかった。師匠は練習を見守る人々に「太鼓取らはったんかな、ここ」と、尋ね、どちらにすべきか、話し合いが尽くされた。結局、太鼓はつけたまま舞を舞うことになったが、踊りはこのようにして田中の人々が知恵を出し合い、完成していったのである。稚児の父親は、師匠から前回の大祭の様子を聞かれた際、「あまり覚えがない」とおっしゃっていた。実際のところ、三十三年前の記憶を思い出すことは、容易なことではないだろう。それでも、それぞれが頭の中にある前回の大祭を思い出し、語り合いながら、舞を完成させようとしていった。

舞の練習以外の場所でも、稚児舞を支えた方がいた。そのうちの一人が田中にある浄満寺の住職を務めておられる藤井了義さんである。稚児舞に先立って読まれた「春日山縁起を寿ぐ」と「春日大社御由緒書」は藤井さんの作品だ。かつては高校で国語の教師を務められていたそうで、万葉集などの和歌に対する造詣が深い。春日山鉾が待機している際には「祭り囃子の間奏に替えて」という、春日山鉾のモチーフとなった春日山に関する五種の和歌が流されたが、それらも藤井さんが選定したものである。藤井さんは、『竜王町史』などの記録を参考にして田中の歴史を調べ、春日山と田中との関係をひもとき、文章に起こした。そして、小学生の子でも読めるよう、難しい言葉を改め、ふりがなを振って制作したのである。「古都奈良の文化遺産」がユネスコの世界遺産に登録されたことも盛り込み、誰にもわかりやすい文章に仕上げてある。九月には浄満寺の庫裏《くり》にて藤井さんの指導の下、稚児たちの文章の読み上げ練習が行われた。

このように、練習に励む稚児たちのそばには、常に田中の人々の支えがあった。そんな中で二人の稚児は舞を磨き、心身ともに成長し、大祭当日を迎えることになったのである。

大祭初日 —興味津々！ お稚児さん—

大祭初日は、田中の氏神をまつる八幡神社、そして苗村神社の西本殿、苗村神社東側の馬場で舞と囃子の奉納が行われた。稚児舞の伴奏曲である「越天楽」を奏でるのは、田中の青年たちで構成された囃子方である。

初日の苗村神社境内での奉納では、春日山鉾が拝殿前へと曳き入れられ、山鉾の中で十二人の囃子方が笛や太鼓、鉦を奏で、前方の舞台の上で稚児たちが舞う。山鉾の周りを、五〇〇人もの見物客が囲んでいた。扇や太鼓を持ち、二人でポーズを決める場面では、お互いに目配せをして、息を合わせて演技をする。ポーズを決めるたびに、カメラのシャッターが切られ、感嘆の表情を浮かべる方もいた。

大祭1日目、苗村神社での稚児舞奉納

一方、奉納以外の場面では、稚児たちのまた違った表情を見ることができた。

彼女たちは、配られたジュースを飲んだりお菓子を食べたりしながら談笑したり、それぞれ携帯ゲーム機でゲームをしたりと、奉納の時とは違いリラックスした時間を過ごしていた。周りの大人たちは、彼女たちにはあまり話しかけず、好きなようにさせていたが、目線は何度も二人の方を向いており、思い思いの時間を過ごす稚児たちを温かく見守っていた。

しかし、稚児たちもずっと自分のことに集中していたわけではない。初めての大きな祭りで見たことがないものも多く、好奇心一杯で大祭を楽しんでいた。春日山鉾の舞台の上は、ふだんの彼女たちの目線よりも上になるため、人が多く行きかう馬場でも見晴らしがきく。お酒を飲む大人たちが盛り上がって大きな声を上げたり、新たな山車や他の集落の鮮やかな衣装の人たちが馬場に入って来たりすると、興味津々で舞台から身を乗り出して様子を見たり、カメラで写真を撮ったりしていた。

そんな稚児たちも、本番になると一変して大人びた表情になる。扇や太鼓を持って舞う姿はとても優雅で、無邪気に休憩時間を過ごしていた時と同じ子だとは思えないほど、彼女たちの纏《まと》う空気が変わったのを感じた。稚児たちは、本番の舞の時と休憩の自由時間の時で、きちんと自分の中で切り替えができているようだった。

大祭二日目 ―優美なお稚児さんの意外な一面―

大祭二日目は、川守にある農村運動公園にて稚児舞が披露された。初日以上の見物客が集まったが、初日の奉納で緊張がほぐれたのか、稚児の表情は柔らかく、笑顔が光る演技であった。一つひとつの所作が大きくなり、踊りにいっそうの華やかさを添えた。伴奏を奏でる囃子方の演奏にも磨きがかかり、軽やかな太鼓と笛の音が響いた。

休憩時間には、持参したゴザが春日山鉾の前に敷かれ、あっという間に宴席が設けられる。この日は稚児たちも山鉾の舞台から降りて、ゴザに座ってスマートフォンやゲーム機

大祭２日目、農村運動公園での稚児舞の奉納

でゲームをする様子が見られた。また、運動公園での休憩時間には、サンダルを履いてあちこち動き回っていた。赤いきれいな衣装にサンダルという何ともアンバランスな格好であったが、奉納中の優雅な笑みではなく無邪気な笑顔で、そこには年相応の稚児たちの姿があった。

しかし、元気に動き回れば、それだけ衣装も崩れやすくなる。大祭中、奉納中や休憩時間にも稚児の近くには親御さんがいて、奉納時間が近づくと、座った時にできたしわを伸ばしたり頭に飾りを着けたりと何度も稚児の衣装を整えていた。その甲斐あって、稚児舞を舞う稚児の衣装はいつも華やかで、余計なしわもない。優雅な稚児舞の衣装が美しくあるように、親御さんたちは気を配っていた。

大祭三日目　―お稚児さんの笑顔と見守る人々―

大祭三日目は接近中であった台風十九号の影響により、日程が大きく変更された。田中でも、予定されていた春日山鉾の奉納と、渡御行列が中止になったが、苗村神社西本殿における奉納は予定通り、無事に行われた。

奉納後の本殿前での記念撮影では、大きな仕事が終わってほっとしたのか、稚児の今までで一番良い笑顔を見ることができた。実は、それまでにもカメラを向けられた稚児の表情の変化は何度か見ていて、空き時間を持て余して退屈そうな時でも、家族や知り合いがカメラを向けると、にっこりと笑ってVサインをしていた。それでも、西本殿奉納後の記念写真の時の笑顔が一番輝いているように見えたのは、まだ田中での仕舞奉納があるとはいえ、三日間の大役を終えた安堵感があったからであろう。

そして十時三十分、田中の八幡神社にて、「仕舞奉納」と呼ばれる最後の奉納が執り行われた。早朝吹き荒れていた風は止み、晴れ間がのぞく穏やかな空のもとでの奉納となった。神社に集まったのが田中の人たちということもあり、周囲はどことなく温かく優しい雰囲気に包まれていた。大祭三日間、見事な舞を披露した稚児たちは、この仕舞奉納をもって三日間の稚児としての務めを終えたのであった。

おわりに

こうして二人のお稚児さんたちは、田中の人々に支えられながら心身ともに成長し、大祭では見事優美な舞を披露した。私たちは稽古場にうかがったり大祭三日間の密着を行ったりすることで、稚児たちの演技の上達の様子だけでなく、表情の変化や周りの方々の関わりなども窺い知ることができた。

調査を行う中で田中の方々とお話しする機会が何度もあったが、春日山鉾や稚児舞のことを話す様子はとても誇らしげであった。舞台に立つ稚児の努力は言うまでもないが、稚児舞はそうした田中の人々の支えがあったからこそ、美しく華やかなものになったと言えるだろう。

コラム

祭礼における貸衣装

滋賀県立大学人間文化学部　助教　横田祥子

苗村神社三十三年式年大祭の古式行事では、顔に化粧を施された踊り子や鎧兜《よろいかぶと》に矢を持った具足《ぐそく》など、総勢一二〇〇名がさまざまな古式装束を身に纏い、さながら時代絵巻を見るかのようであった。こうした古式装束は、大祭自体が三十三年に一度しか行われないため、大祭の度に用意される。今回も、残された資料にもとづき準備されたが、兜や甲冑《かっちゅう》、手甲に軽衫《かるさん》といった衣装を自前で調達することは難しく、実際にはその多くを貸衣装屋に頼った。苗村神社大祭の衣装・道具面でのかくれた立役者が、京都市にある高津《こうづ》商会である。

高津商会は大正時代から日本の映画界やテレビ業界に衣装・道具を提供してきた。また、一九七〇年代からは日本各地で行われる祭りにも衣装を貸し出すほか、化粧の指導も行っている。例えば、石川県金沢市の金沢百万石祭りにも毎年衣装と道具を提供している。

今回いくつかの集落は、昭和五十七年に続いて高津商会に衣装と道具を借りた。高津商会は前回の大祭の写真と衣装リストをもとに、会社のストックの中から類似した色彩や模様のものを探した。高津商会といえども、三十二年前の衣装は残しておらず、同種の衣装でも、色調やディテールは若干異なってしまう。それに対し、集落側は前回の大祭と比べ、改変の許容範囲を判断しつつ、高津商会に要望を伝えていった。

このように、今日、伝統的祭礼を彩っている古式装束は、過去の衣装形式をそのまま留めているわけではなく、時代に応じて新たな色・形へと絶えずリニューアルされている。その過程では、古式装束や道具を提供する業者＝知識・具体物の提供者の役割は極めて大きいのである。

III

大祭の三日間

川上の白鷺山をとりまく観客

苗村神社の賑わい

滋賀県立大学人間文化学部　四回生
橋本直樹・杉浦　圭

十月十一日から十三日までの三日間行われた、苗村《なむら》神社三十三年式年大祭。苗村神社だけでなく、各集落、農村運動公園でもさまざまな行事・奉納が催され、三日間多くの人出で賑わった。大祭の期間、九村《くむら》を初めとして竜王町・近江八幡市・東近江市にまたがる苗村神社の氏子集落の三十余郷の人々が勢ぞろいし、また両親を集落に残して別の地域に住んでいる子どもや孫たちも続々と集落に帰ってきていた。さらにこの珍しい祭りを一目見ようと、各地からたくさんの観光客が集まり、新聞記者やテレビ局のカメラマンの姿も見られた。この賑やかな大祭の三日間の苗村神社と農村運動公園の様子を、本章ではレポートしたい。

苗村神社での奉納催し

大祭初日。苗村神社の馬場にはたい焼き、フランクフルト、焼きそば、フライドポテトなどさまざまな屋台・出店が軒を連ねており、地元の子どもたちや家族連れの姿が多く見られた。道の駅「竜王かがみの里」のブースでは地元の食材を使った料理やお菓子を売り、中にはふなずしを売るブースもあるなど地元色豊かな様子から、地域全体でこの祭りを盛り上げようとする思いが伝わってきた。

八時を過ぎた頃から続々と、九村、余郷の各氏神社の榊《さかき》とともに祭り衣装に身を包んだ人々が馬場に、そして、境内に集まってきた。それよりももっと前に宮司ほか神職、巫女たちは準備を終えており、朝の空気も相まって、神社全体にぴんとした緊張感が張りつめていた。

一日目は九時からの苗村神社境内での各集落による古式催しで幕を開ける。この苗村神社に到着するまでにそれぞれの地区の神社で奉納を行った集落もあるが、苗村神社での奉納はどの集落も初めてである。一番手を飾るのは島集落の子どもたちだ。入場後はきょろきょろと落ち着きがない姿が見受けられる。最年長の男の子でさえも、余裕の表情で観衆に笑ってみせるものの、どこか緊張を隠し切れない様子であった。知らない人たちにたくさんのカメラを向けられるのだから、子どもたちの感じるプレッシャーは並々ならぬものであったと思う。各集落より奉納に参加する人々は皆緊張した面持ちで入場し、奉納の紹介アナウンスを聞いていたが、それも初めのうちだけで、奉納が始まると誰もが懸命に声を出し、踊り、演奏をする。馬場、拝殿前の空間をめいっぱい使っていたので、川守、川上、田中、駕輿《かよ》丁《ちょう》のお囃子《はやし》はもちろん、猩々《しょうじょう》踊り、豊年《ほうねん》踊り、田刈り踊り、ころころこ踊りを奉納する子どもたちの掛け声、太鼓の音、綾戸《あやど》の人形芝居の声も神社全体に響き渡っていた。

緊張していたのは奉納参加者だけではなく、周りで見守る集落の人々も同じであったであろう。各集落の奉納が終わるたびに、観客から盛大な拍手が沸きあがった。集落の人々にはよくやったという称賛の気持ちと、無事最初の奉納を終えることができたという安堵の気持ちもあったはずだ。また、自分の子の堂々とした姿に、親御さんたちはこの後の奉納もきっと大丈夫だと安心したのではないだろうか。

そして奉納を終えて解放感に浸っていられるのも束の間、各集落の奉納参加者は、今度は退場するためにまたすぐに動き出す。それに釣られるように、観衆の形がみるみるうちに変わる。境内に設置された櫓《やぐら》から様子をうかがっていると、あっという間に奉納場である拝殿の前は人で埋まった。しかし、次の集落が入場するやいなや、不思議なことに誰が指示するわけでもないのに観衆が、次の集落が奉納催しをしやすいように、拝殿前にちょうどよいスペースができるように自然に移動していく。また、綾戸集落の人形芝居では、

大祭1日目、厳粛に執り行われた本殿祭

太鼓の音に呼応するように観衆から拍手が沸き起こる。クライマックスである大蛇が現れるシーンでは、太鼓の轟く音と拍手喝采が境内中を包み込んだ。九村の奉納は催し手と観衆が渾然一体となり、そのことでより奉納が引き立たっていた。

奉納順が二番目の川守と三番目の岩井の間、ちょうど十時に三十三年式年大祭本殿祭が行われた。本殿祭開始のアナウンスが入ると、境内は古式催し奉納時と比べ張りつめた空気に変わった。神事では拝殿に並んで座る楽人による雅楽の演奏や神官らによる献饌《けんせん》の儀が行われたが、その間、人の歩く音やカメラのシャッターを切る音はもちろん、自分自身の呼吸でさえもうるさく感じるほどだった。特に、宮司が祝詞《のりと》を奏上する間、来賓や関係者が頭を下げる張りつめた雰囲気に、私は

餅まきを行う宮司

息が詰まりそうになった。境外の馬場には多くの人がいたが、この神事のあいだ奉納は行われず、囃子も演奏されなかった。

餅撒き行事と奉納太鼓

十六時からは、馬場東側広場にて大祭餅まき行事が行われた。広場に設置された足場から宮司、大祭委員などが集まった人々に紅白の餅を投げる。広場には二、三〇〇ほどの人が集まっており、餅が投げられるたびにあちらこちらで歓声があがっていた。一つでも多く持ち帰ろうと自身の帽子を使って餅をキャッチする人、「こっちにもちょうだい！」と手を振ってアピールする人、餅をつかんで喜ぶ子どもの姿を写真に収める人……。さまざまな姿、楽しみ方を見ることができた。特に宮司の表情が印象的で、神事の時の真剣な表情とは違う、とても晴れやかな笑顔をみせていた。宮司自身もこの餅まきを心から楽しんでいるようであった。たかが餅まき……と思うかもしれないが、皆の満足した顔を見るにつけ、祭りには必須の行事なのだと感じる。

餅まきが終わると聞こえてきたのはドン、ドドン、ドン……という力強い太鼓の音。余郷大太鼓奉納が始まった。各村の奉納時から観客はほとんど帰ることなく境内に残っていて、この太鼓奉納が始まるのを聞きつけると、馬場や餅まきが行われた広場にいた人々もわっと拝殿前に集まり、丸く太鼓を取り囲む。田中の子之初内太鼓、川守の殿村大太鼓、庄の八幡社大太鼓、林の天神社太鼓、倉橋部の安吉祭礼団、島の八幡社大太鼓の順で奉納が行われ、最後に六集落が一斉に太鼓を打ち鳴らす。ときどき大人に交じって小学生男児がバチを持つと、周りの大人たちから「いいぞ」「立派や」など応援や歓声があがった。太鼓を叩き終えたその顔は、気恥ずかしさと達成感に満ちていた。

こうして大祭一日目は初日にふさわしく、威勢のいい賑やかな雰囲気のまま幕を閉じた。

渡御行列の壮観

大祭二日目は、前日の興奮冷めやらぬまま、さらにそこへ祭りのスケールの大きさを物語る、各集落総勢千二〇〇人による渡御《とぎょ》行列が行われた。この渡御行列は大祭三日間の中でも特に見ごたえのあるもので、橋本の宮御榊を先頭に、祓主《はらいぬし》、巫女《みこ》、三十余郷氏神御榊、神輿三基、宮司馬、九村山車《だし》、山之上長刀《なぎなた》踊り一行、踊り子らが列をなして渡御をする様子は、まさに歴史絵巻の再現である。

私は竜王町の東側、日野川にかかる雪野山大橋の上から行列を記録していたが、先頭が橋の中ほどを渡りきった後でも、行列の最後はまだ見えないほどであった。橋から神社までの距離はおよそ一キロメートル、途切れることなく連なる人の波から、行列の規模の大きさがうかがえる。渡御の様子もそれぞれで、宮司が馬車に乗って移動する姿には珍しさから人々の注目が集まったが、駕輿丁の山車「慶龍山《けいりりゅうざん》」が屋根に警固の二人を乗せたまま渡御を行う姿にも皆驚きの表情であった。また川守、川上、田中、駕輿丁の山車には囃子方が乗っていたため、渡御の途中にも演奏を行うなど大祭の雰囲気に華を添えた。

この姿を少しでも記録に残そうと渡御行列に随行しながらシャッターを切る人や、雪野山大橋の上から、行列が長く連なっている様子をカメラに収めようとする人が多く見られた。また、地元の人とおぼしきご老人たちは、道中にイスを置き、「えらいきれいやわあ」と感慨深げに目尻を下げていた。道中は同じ集落の気の知れた者同士歓談するなど終始和やかな雰囲気であった。渡御と還御《かんぎょ》あわせて四キロメートルという距離で疲れもあったはずだが、子どもたちも自分の足でしっかりと歩き、老若男女が苗村神社に到着した際には皆笑顔をみせていたのが印象的である。

行列が農村運動公園に到着すると、たくさんの観衆たちが出迎えに来ていた。渡御の間ずっとお囃子の演奏をしていた各集落の囃子方であったが、疲れを感じさせない音色と気迫で見る人たちを圧倒していた。

長大に続く渡御行列

後に、山車は横一列に並べられるのであるが、苗村神社の馬場で並ぶ雰囲気とまた違い、各村の山車が連なる光景は少し強い風とも相まって、壮観な眺めであった。近くに寄って写真を撮る人たちは口々に「すごいなあ。立派やなあ」と感嘆の声をあげていた。

十一時半頃、農村運動公園西側

農村運動公園に並ぶ四つの山車

のテントで御旅所祭が執り行われる。大きなテントの下には神輿が三基置かれており、氏神榊がずらりと並べられていた。神職者が向かって右手、楽人や委員は向かって左手に座り、神事は神職・宮司の祝詞奏上の後、巫女の舞奉納、玉串奉奠《ほうてん》が行われる。苗村神社での神事よりも近くで見られることもあり、宮司をはじめ大祭関係者の緊張がひしひしと伝わった。

神事終了後、村川貴哉君が第I部のコラムで紹介している鵜川殿《うかわどの》のテント横では、朝には恥ずかしがって隠れ気味であった姫役の女の子が外に出ていた。祭りの雰囲気に慣れてきたのか、大人たちに囲まれ楽しそうにしていた様子が印象的だった。

豪快な長刀踊り

正午になり、神事が終了したのちに各村による古式催しの奉納が始まる。順番は苗村神社での奉納と同じである。農村運動公園の奉納場は苗村神社と比べると広く、一日目の催しよりも大きく感じた。披露されるものは子どもたちが主役であることが多く、色とりどりの装飾に身を包んだ少年少女たちが、太鼓などの楽器や、棒などを手に持ち踊る。それを見守る大人たちは皆カメラを構えていた。見やすい位置を確保するため我先にと前へ出るのである。調査を行う我々も押し出されるほどの勢いであった。

奉納の最後を飾るのは余郷から唯一古式催しに参加する山之上の長刀踊りである。総勢約七十名による催しは圧巻で、特に目を惹くのがカラフルな友禅模様の上着、五色の華やかな腰巻きといった長刀振りの衣装と、全長二メートルほどの長刀を担ぐ青少年たちの姿であった。

長刀踊りの中でも「渡り」と呼ばれる型が披露された。この「渡り」という型は、一列になり進行するものであるが、今回は長刀振りが三角形になりグラウンド上で演技を披露する。イナブロとそれを支えるカワチャと呼ばれる青年が少しずつ奉納場へと進入する。イナブロとは先端に大きなサギを象《かたど》った纏《まとい》のようなもので、警固はこのイナブロを守り、

山之上の長刀踊り。イナブロが倒れそうになる

近づくものを寄せ付けないようにしている。鳴り響く鉦の音に合わせ、威勢良く「どっこい！」と叫ぶ勇ましい長刀振りの青少年たちは、観衆たちの記憶に強く残ったことだろう。イナブロは四本のロープを持つカワチャによって支えられているが、突然観衆が引っ張って倒そうとする。イナブロが倒れる瞬間、一斉に観衆がざわめいた。皆が狙っているのはサギに付いている五色の短冊であり、それを破り持ち帰ることで厄除けになるといわれている。倒れた時は鉦のリズムが慌ただしくなり、一行と観衆とが入り乱れる。その時、警固役は手に持っているバンバラダケと呼ばれる先の方を割いた竹を地面に打ち付け、短冊を取りに来る人をバンバンと威嚇する。実際、竹に打たれるとものすごく痛そうである。私は取りに行く勇気

は出なかったが、隣にいた女の子はうまく警固の間をすり抜けて長い短冊を手に入れていて、ご満悦の表情であった。

陣形が変わり、「仕舞振り」という型が披露された。「渡り」が集団であるのに対して、仕舞振りは個の演技となっており、青少年たちによる長刀の豪快かつ繊細な技が繰り広げられる。特に、長刀両端を両手で持ってその間を飛び越えたり、長刀を空中高くへ放り投げそれを見事にキャッチする技が決まった瞬間は大祭で一、二を争うほどの歓声に包まれ、農村運動公園での奉納の締めくくりにふさわしい賑わいであった。

十五時、すべての催しを終えると再び神輿の前で宮司、神官らによって粛々と還幸の儀が執り行われ、再び長い行列が動き出す。順序は渡御と変わらないが、苗村神社に向かう行列は還御と呼ばれる。

先頭近くで苗村神社に到着した宮司は、一行が到着したあとに行う祝詞奏上準備のためであろうか慌ただしそうにしていた。乗ってきた馬車から降りると、空いている境内で拝殿をバックに手早く宮司一家の写真撮影が行われた。続いて到着した一行は、苗村神社の馬場にてしばらく休憩をする。長い道のりから解放されようやく訪れた安堵の時間であった。

そして再び境内が盛り上がりをみせたのは、農村運動公園に引き続いて再び山之上集落

大祭２日目、苗村神社境内における山之上の長刀踊り・仕舞振り

の長刀踊り一行による「仕舞振り」が始まった時である。長刀の刃の部分は本物ではないとわかっていても、空中高く舞い上がった長刀をキャッチする難度の高い危険な技の際には皆固唾《かたず》をのんで見守る。時折悲鳴にも似た歓声が聞こえてきたが、本人たちはいたって堂々としており、奉納を終えた彼らの顔は満足感に満ちていた。まさに「仕舞」というにふさわしい、華やかな奉納であった。

大祭の終わり

そして迎えた大祭三日目。この三日間、いやこの大祭を迎えるまでもずっと懸念されていた台風がいよいよ訪れる。メインである稚児行列も、竜王町立公民館からバスで送迎するという変更を受けたが、幸いにも「中止」という言葉が出ることはなかった。

公民館で着付けをすませた稚児たちが苗村神社の楼門をくぐると、一気に空気が変わる。これが子どもの力だろうか。わが子の晴れ姿をカメラに収めようとする保護者たちはもちろん、今までピリピリと献花の準備をしていた大祭関係者や報道陣の表情もゆるむ。女児は赤色の単《ひとえ》、桃色の千早《ちはや》に袴《はかま》・冠、男児は薄緑色の単、緑色の千早に袴・烏帽子《えぼし》という色鮮やかな衣装を身に着け、親に手を引かれながら歩く稚児たちは、その一方で慣れない衣装や冠がいやなのか、はたまた見慣れない大人たちに囲まれるのに驚いているのか少し緊張した表情だ。それでも手に持った花を献花台に置くまではひとりでこなし、それが終わると家族に囲まれ笑顔が戻っていた。

そして大祭最後の行事、大祭終了奉告祭。ぴんと張った空気の中礼服に身を包んだ大祭関係者が拝殿前に座る。式次第通り厳かに進められた奉告祭であるが、最後に宮司が挨拶している途中、時折涙ぐむ場面があった。この祭りが三十三年に一度ということで、他地域やさまざまなメディアからの注目も高かったであろう。これだけ多くの集落が関わる規模の大きい祭りということも、大きなプレッシャーであったのではないだろうか。ここに至るまでのさまざまな苦労や宮司として背負ってきたものの大きさに、こちらの胸も熱くなった。

「こんなタイミングに台風だなんて」。三日間、誰もが一度は頭をよぎったであろう、そして一番恐れたであろう行事の「中止」。そんな氏子たちの心配も不安も、天が全部のみこんでくれたようだ。奉告祭終了と同時に雷が鳴り、雨が強まった時は「神様は本当におられるのだなあ」と心から思った。

調査をする中で、どの集落も練習や準備に多くの時間を割きながら、それでもメンバーが社会人で時間を確保するのが難しかったり、子どもたちがなかなか集まらなかったりと、たくさんの苦労をみてきた。その分、三日間の大祭が無事終了した時の感動はひとしおであった。これほど多くの人数が参加する祭りであるにも関わらず、大きなトラブルなく斎行できたのも、大祭委員会、各集落での念入りな準備と成功にかける強い思いの賜物だと感じた。今回参加した子どもたちは三十三年後、どのような立場で大祭に関わるのだろうか。大人たちは、「次の祭りもみられるといいな」と、三十三年後の風景を頭に思い描いているだろう。私も、この苗村神社が平成二十六年(二〇一四)のように大勢の人で賑わいをみせるその時に思いを馳せる。

コラム

式年大祭の神事

滋賀県立大学人間文化学部　教授　市川秀之

三日間続く式年大祭は、平成二十六年十月十一日十時、三十三年式年大祭本殿祭で幕を開けた。それに先立って三十余郷の代表者は氏神御榊《うじがみおんさかき》を持って苗村神社の境内に集まる。榊は本殿を囲むように置かれるが、これは式年大祭の間、各集落の神社の神々を苗村神社に集めることを意味している。神々とともに本殿祭には多くの神職が参加した。斎主を務めるのはもちろん苗村神社の小野宮司であるが、そのほかにも滋賀県内の神社の神職が十人程度参加して大規模な神事が行われた。また式年大祭には神社本庁からの幣帛《へいはく》の献上があるが、奉幣使《ほうへいし》は滋賀県神社庁長の丘尋幸氏が務めた。さらに来賓として大きなテントには大祭委員長やさまざまな機関の長が参加している。

本殿祭が始まると宮司が本殿の扉を開き一同が低頭する中、手渡しで神饌《しんせん》が供えられていく。そのあと幣帛の献上があり、拝殿では巫女二人による神楽《かぐら》が奉納された。雅楽や舞を奉納したのは大津市の八坂神社に所属する八坂雅楽会の皆さんであった。宮司や各団体の代表による玉串奉奠《ほうてん》を終えると神饌をさげ本殿祭は終了した。

このあと今回の式年大祭に先立って行われた工事の関係者に感謝状が渡され、最後に宮司が苗村神社の歴史から始まる式辞を述べてこの日の式は終了した。それを待つように再び境内では九村による芸能の奉納が再開された。

十二日には日野川の対岸にある農村運動公園の御旅所まで神幸が行われ、そこで大規模に芸能(古式催し)が奉納された。苗村神社の御旅所は岩井集落の地先にあるが、その場所の面積などの理由から今回は農村運動公園というグラウンドを利用することとなった。九時から神社拝殿で出立に先立つ神幸の儀があり、神職や三十余郷、九村による一・二キロメートルにおよぶ長い行列が御旅所へと向かった。ただ宮司は岩井御旅所でまず神事を行い、そのあとで農村運動広場での御旅所祭へと向かった。広いグラウンドの北端には大きなテントが張られ、そこに三基の神輿が置かれている。ここでも宮司による祝詞《のりと》奏上や巫女による神楽の奉納などがあり、神事が終わると宮司から三十余郷に神酒《みき》と御供《ごくう》が渡された。御供とは曲げ物の容器に入れられ折敷に載せられた焚いたご飯で、質素なかつての神饌の姿を今日に伝えるものであった。

　御旅所での古式催しの奉納を終えた一行は、十五時三十分ころから再び苗村神社へと向かうが、それに先立って再び宮司によって還幸の儀が執り行われた。

　十三日は台風の影響もあって午前中の古式催しの奉納は大幅に短縮された。十三時より大祭終了奉告祭が始まったが、その頃には雲行きが随分と怪しくなり時折雨がぱらつく天気となった。宮司は幣殿に座り献饌《けんせん》や祝詞の奏上を行うが、それに続いて宮司夫人によって拝殿で浦安の舞が奉納された。そのあと玉串奉奠、撤饌《てっせん》があり一連の神事は無事終了した。大祭委員長のあと宮司の挨拶があったが、それが終了するとほぼ同時に、雷鳴が轟き空からは大粒の雨が降り始めた。雨とつながりの深い苗村神社の式年大祭にふさわしい祭りの大団円であった。

コラム

岩井御旅所

滋賀県立大学人間文化学部　二回生　丹羽桃子

　苗村神社三十三年式年大祭二日目には御旅所《おたびしょ》祭が農村運動公園で行われた。この御旅所祭の前には御旅所始祭というものが岩井地先本御旅所（以下、岩井御旅所）にて行われた。前回の大祭では岩井御旅所の横の小川を挟んだ場所にある広い敷地で御旅所祭が行われていた。しかし、状況が変わり仮の御旅所として農村運動公園で行われることとなった。仮に岩井御旅所で御旅所祭が行われていたならば、全く違った雰囲気を味わえただろう。グラウンドの一角でやるのとでは景観が大違いだ。

　調査班は苗村神社境内にて御神幸が始まるのを確認すると岩井御旅所へ向かった。住宅地を抜け、たどり着いたその場所は初めて訪れた私には一見何なのかよくわからなかった。田畑に囲まれた、広場ともいえない空間に「苗村神社御旅所」と刻まれた石碑が立っていた。その石碑の前にはテントが建てられていたが、石碑の文字を見るまでは自分たちのいる場所が、はたして目的地である岩井御旅所なのかどうかわからなかった。

　調査班が岩井御旅所に到着した時は他の大祭関係者の姿は見られなかった。テントの下に供物を置くための机や器が用意されていた。また、杖のような木の棒が三本立てられていた。これが何のためのものなのか、全くわからず何かとても意味のあるものかと思っていたら、榊を立てる際の支えとなるものだと後から知った。

　やがて委員の人が二人やってきて、供物が準備され始めた。供物は果物・野菜・昆布・酒・米などがあった。御祓いのための榊も既に準備されていた。

　当初はマスコミ関係者は現れないと考えられ

ていたので、宮司たちに同行してやってきた時は正直驚いた。彼らも祭りの華やかな画ばかりを撮っているわけではないのだろう。祭りは自分の中では終始格式ばっている印象があったが、実際その場に立って見ていると必ずしもそうではないとわかってきた。その時の状況で人がつながり、その場その場で雰囲気ができていくのだと感じた。

榊の到着が遅れるという出来事はあったものの、無事到着し榊三本を立てて神事が始まった。非常に風が強く、置いている榊が飛ばされたりもしたが、そんなことで動じるようなことはなかった。強風の中、神事は終了し一行は仮御旅所がある農村運動公園へと向かった。

苗村神社三十三年式年大祭は三十三年に一度しかないので、毎度同じようにできるとは限らない。祭りに参加している人でも初めて纏《まと》う衣装で不慣れな様子が見られた。こうした祭りではよくある光景なのだろうと感じた。そして、そういった個々人が集まりこの祭りが作られてきたのだろう。

岩井御旅所で行われた御旅所始祭の様子

島が迎えた式年大祭

滋賀県立大学人間文化学部　四回生　高下勇気

島は苗村神社から北西に五〇〇メートルほどの地点に位置する集落である。式年大祭では、稚児によるせんにち渡りの踊りと、奉納太鼓の奉納を行った。この章では、式年大祭三日間のうち、島が集落としてまとまって行事を行った十月十一日と十二日の二日間、集落の人々が祭りをどう迎え、どう過ごしていったかを、周囲の賑わいの様子とともに見ていきたい。

集落からの出発

七時頃、せんにち渡りの踊りの着付けを担当する女性と踊り子の世話をする役員、続いて踊り子とその保護者が自治会館を訪れて着付けを始めた。せんにち渡りの踊りでは、男の子は青を、女の子は桃色を基調とした華やかな衣装を着て、さらに赤いかつらを着用し、メバリと口紅という和風の化粧を施される。ただ、小さい子どもたちにとって慣れないかつらを付け続けていることは難しいようで、泣き出す子どもが続出し、本番まではかつらをかぶらないままでいる踊り子もいた。保護者も慣れない着物の着付けや、和風の化粧にかなりてこずっているようで、あちらこちらで着付けの方法や化粧について確認する声が聞かれた。担当の役員はそうした中で、楽器の準備を整え、着付けの済んだ各踊り子に配布するなど忙しそうに動いていた。

一方、公民館では七時五十分頃から大祭の役員によるシュウシが行われていた。シュウシとは漢字で「祝詞」と書き、総責任者などの挨拶や参加者一同で盃をまわしての乾杯などが行われる行事のことを指す。役員十名ほどが参加し、中央に総責任者の岡田文二さんが位置する形でコの字に座って行事は進められた。岡田さんは、その日一日の奉納や行事が無事成功できるように「今日一日、頑張ろう」と声をかけ、役員たちの結束を高めていた。大祭初日の朝ということもあり、参加している一人ひとりの表情は固く、緊張感が感じられた。シュウシが終わると一同で威勢よく「雲生《うんしょう》、井戸掛《いどかけ》、大穂生《おおぼしょう》、惣禮詣與下《それもよか》露《ろう》」という、古くから伝わる雨乞いの言葉を掛け声として発しながら外へ出て隊列を組み、集落の氏神である八幡神社へ向かう。島に限らず、すべての集落は毎年行われる例祭でもこの掛け声を繰り返し張り上げながら、苗村神社までの道中を歩くのである。

途中、踊り子と役員達が合流し、八幡神社で記念写真の撮影が行われた。周囲には集落の人たちが集まってきてそれぞれに写真を撮り、様子を見守っていた。カメラを前にして役員や踊り子それぞれの表情は固く、いまだ緊張を感じさせるものだったが、周囲の人の中から見知った顔を見つけるとその表情も和らいでいた。撮影後、全員で八幡神社にお参りをし、次いで榊に八幡神社のご神体が移される。そして八幡神社前で島が古式催しとして奉納するせんにち渡りの踊りが奉納された。

せんにち渡りの踊りとは、太鼓・鉦によって囃される五穀豊穣《ごこくほうじょう》を祈願する踊りである。島では集落の住民によって行われる渡御のことを「せんにち渡り」といい、それに付随するのが「せんにち渡りの踊り」だと岡田さんは述べられていた。踊り子は、大太鼓担当が一名、鉦担当が二名、小太鼓担当が二十一名で構成されているが、この中には現在集落外に住んでいる子どもたちも含まれている。少子化の影響で、集落内の子どもたちだけでは人数が少なくなり、踊りの迫力が薄らいでしまうことを懸念して、集落での話し合いの結果、参加者の幅が拡大されたのである。就職して集落の外に住み、子育てをしている世代に声をかけて、子どもたちに参加してもらうように頼んだのだ。彼らも三十三年に一度の大祭ということで、喜んで参加を決め、練習の際には都合をつけて子どもたちを島へと連れてきていた。

練習は、夏休みの間に四回行われた。最後の練習からは期間が開いていたこともあり、踊り子の動きは少しぎこちなかったが、そのぎこちなさもまたかわいらしく感じられ、周囲の人たちも温かくその様子を見守っていた。大太鼓は十九歳の青年が、鉦は小学校高学年の男子が、小太鼓は小学校中学年程度から一歳までの子どもたちが担当した。大太鼓のリズムを基調として、鉦や小太鼓が楽器を打ち鳴らしつつ、手を上げたり下げたりしながら前後に移動するのがこの踊りの主な動きである。踊り子が精いっぱい手を伸ばしたり、大太鼓が力一杯たたいたりする姿がとてもほほえましい。

そこからまもなく苗村神社へと渡御を開始する。道中では移動しながら数回踊りが行われ、踊り子たちは一生懸命これをこなした。付き添いの保護者たちはそれを見て嬉しそうに拍手をしていた。

大祭１日目、苗村神社拝殿前でのせんにち渡りの踊りの奉納

いよいよ古式催し

苗村神社の馬場に入ると一度楼門《ろうもん》前で踊った後、そのまま境内に入場して、九時から拝殿前での奉納を開始した。九村全体で最初の奉納ということで、境内は多くの人でごった返していたが、踊り子たちはそれを気にするそぶりを見せることもなく踊りきり、奉納一番手の大任を果たした。周りの観客からも小さくとも懸命に踊りを奉納した踊り子に「かわいい」「頑張ったね」と声がかけられ、親たちも子どもたちを労《ねぎら》っていた。

思えば、踊り子の夏休み期間に行われた練習で全員がそろうことはなかった。現在は集落外に在住している家庭の子どもも含めて、一堂に会することはそれぞれの都合もあってかなわなかったのだ。しかしそれにもめげずに本番では踊りをしっかり息を合わせて披露しており、練習を見守ってきた集落の人たちからは嬉しそうな笑顔を見ることができた。

境内を後にした後も、子どもたちは楼門前で踊りを二回に分けて行った。馬場にも大勢人がいたほか、他の集落の山車や踊り子たちも大勢待機しており、せんにち渡りの踊りを熱心に眺めている様子が見られた。

その後、島の一同は大太鼓を馬場に置き、隣の小学校のグラウンドに設置された休憩スペースで休息をとっていた。大人たちは古式催しという一日目の山場を越え、そのプレッシャーから解放され、テントの下で用意されたお酒やおつまみを食べながら楽しそうに話をしていた。子どもたちは元気があり余っている様子で、小学校の校庭を走りまわったり遊具で遊んだりしていた。

二度目の馬場でのせんにち渡りの踊りを終えて、休憩スペースへ戻ると昼食となった。大人たちは食事とあいまってますますお酒が進んでいる様子であった。食事中には、想像以上の人出に驚く声や、なんとかまず初日の踊りの奉納を終えられたことへの安堵の声などが聞かれた。昼食を終えると踊り子たちはしばらく校庭で遊んでいたが、じきに各自帰宅していった。

島の奉納太鼓

踊り子やその親たちが帰った後も、役員をはじめ七人程度の男性たちはまだ苗村神社に残っていた。というのは、夕方には複数の集落が境内にそろって行う奉納太鼓の演奏が控えていたためだ。その間、神社の馬場に設けられた休憩スペースで、役員の中でも経験豊かな面々が師匠役となって、奉納太鼓を行う若い太鼓引きたちに奉納太鼓のリズムや叩き方が伝授された。師匠役たちは、まるで自分たちの太鼓の腕前を披露するように力を振り絞って太鼓を叩き、そのリズムや叩き方を若い役員に教えていた。「わしの方がうまいやろ」と実力を競い合ったり、「こうやなかったか」とお互いの叩き方を確認し合ったりしている姿からは、自分たちの文化を若い世代につないでいくと同時に、自分の身体に染みついている太鼓のリズムを披露し、それを見せ合うことで師匠役たちも太鼓を楽しんでいる様子が感じられた。

十六時半を回ったころに大太鼓が引かれて境内へ入場し、拝殿前での奉納太鼓が始まった。少し遅い時間ではあったが周囲にはいまだに多くの観客が集まっており、勇猛な太鼓の披露を見学していた。島の奉納は参加集落の中で最後、すなわちトリであったが、日中

大祭１日目、島による奉納太鼓の演奏

の練習の成果を十二分に発揮し、臆することなく豪快な演奏で奉納太鼓の締めくくりを見事に飾った。周囲に集まった観客からも惜しみない拍手が贈られ、大祭は賑わいの中でひとまず一度幕を下ろした。こうして、一日目の日程はすべて終了となった。

御旅所への渡御

二日目も一日目と同様に七時頃から着付け、そしてシュウシが行われた。一行は苗村神社に到着した後は、馬場で渡御出発まで待機していた。待機中、具足の周りには子どもたちが集まり、楽しそうに鎧《よろい》に触ったり、興味深げに眺めたりしていた。具足とは、鎧兜《かぶと》およびそれを着用した人をさす。この具足はもともと集落が所有している

大祭２日目、農村運動公園から苗村神社への還御を行う島の具足

物で、今回の大祭に合わせて集落内の住民自らの手によって袖《そで》（籠手《こて》上部）の結び紐《ひも》の修復、兜の顎《あご》紐と胴を固定する腰紐の新調、兜の飾りの留め具の修復、胴と草摺《くさずり》をつなぐ紐の修復などが施された。修理の完成度は見事なもので、まるで新品のような輝きを取り戻しており、子どもたちがひきつけられるのも納得できることであった。

渡御が始まると、せんにち渡りの踊りをしながら川守の農村運動公園へと向かう。渡御の行列は、橋本村を先頭としてお神輿や宮司の馬車などが続き、三十余郷の社名旗が警固とともに渡って、最後に九村の渡御催しの行列となっている。九村の中では、島の馬のみが先頭を行き、神部を挟んで、島の残りの行列が続く。これ以降各九村の渡御催しが順番に続いていくが、その先頭を歩くため、島の行列が通りかかると「待ってました」とばかりに写真撮影をするカメラマンの姿が多く見られた。約二キロメートルの道のりを一時間ほどかけて歩き、農村運動公園に到着後は割り当てられたテントで各自、休息をとっていた。日に照らされた中の渡御で、集落の面々は額の汗をしきりに拭ったり、腰に手を当てて休んでいたりと少し疲労の色が感じられた。踊り子たちも少し疲れたようで、テントの中で飲み物を飲んだり、座って休んでいたりしたが、そのうち元気を取り戻し、周囲を走り回ったり、他の集落の友達のところへ遊びに行ったりしていた。

大祭のクライマックス——農村運動公園での奉納——

十一時半を回ったころ、この農村運動公園での奉納の準備が始まった。役員は大太鼓を引いて待機位置へ移動させ、踊り子の保護者は着崩れていた衣装を着付け直したり、かつらをきれいにかぶせ直したりしていた。神事を終えて宮司から授かってきた穀《こく》を各々口にした後、グラウンド中央にテントで囲むように設けられた広場に出て、一日目の拝殿前の奉納と同じく九村の一番手としてせんにち渡りの踊りを奉納する。

踊り子たちの周りには一日目よりもさらに多い見物客が、より近くに人だかりを作っていた。この人だかりと正午の強い日差しの中、踊り子たちは疲れなどを見せることなく、元気いっぱいなせんにち渡りの踊りを披露した。親たちはカメラ撮影にいそしみつつも、自分の子どもが失敗しないか少し心配そうな顔で様子を見ていたが、小さい子どもたちは立派に九村の先頭を切っての奉納をやってのけたのである。決して複雑な踊りではないけれど、「簡単な分、元気よく踊ってもらいたい」と語っておられた指導者の方の思いはしっかりと通じたようだ。私も、暑い中で行われた夏休み中の練習の頃にはまともに踊ることができず、母親に抱きかかえられていた踊り子が立派に踊っている姿を見て、その成長ぶりに感動すら覚えてしまった。

やがて、すべての集落の奉納が終ると帰りの還御が開始される。島は再び九村の先頭として還御を行う。行きと同様にせんにち渡りの踊りをしながら苗村神社へ向かうが、二日目も終わりということもあってか、疲れてベビーカーで眠っている踊り子や大太鼓の台車につかまって楽をしようとする踊り子の姿が見られた。緊張の糸がほぐれ、子どもらしい面が顔をのぞかせる姿に、私たちの気持ちも和んだ。

島の大祭の終わり

苗村神社に到着後、楼門前でせんにち渡りの踊りを行ったあと、一行はそのまま集落へ向かった。そして八幡神社の前で最後のせんにち渡りの踊りを奉納する。台風の影響で三日目の集落の予定をほとんど中止することが決まったため、これが踊りを披露する最後の機会となった。これを最後に祭りが終わりになってしまうということで、周りで眺める役員、保護者は名残惜しそうに踊りの様子をじっと眺めていた。踊りの練習を毎回見守り、自分でも踊りを覚えてアドバイスしていた保護者たちとしても、わが子がしっかりとすべての奉納をやり終えたことへの安堵と、これで最後という寂しさがあっただろう。しかし三十三年後には、今度はこの踊り子たちが役員となって、この大祭を引き継いでいくはずである。

踊りの後、公民館で踊り子たちにお菓子が配られるとともに、正式に稚児行列以外の三日目の集落内の予定が中止となったことが告げられた。こうして三十三年式年大祭に関する集落の行事はすべて終了し、解散となった。

その後、役員は公民館での直会《なおらい》を始めた。役員は日本酒やビールを飲みながら今回の大祭を振り返り、具足や衣装の準備、踊り子の手配や練習日の調整などの苦労話や、それらをやり遂げた達成感などを年齢、立場関係なく話していた。「なんとか無事祭りを終えられた」という安堵や、「次の大祭では踊り子たちが頑張ってくれるだろう」という期待の言葉も聞かれた。三十三年に一度の祭りにおける集落の行事の運営という大きなプレッシャーから解放され、役員の面々は冗談交じりにとても楽しそうに話をしていた。その顔にはこれまで見たことのない明るい笑みが浮かんでいた。

直会の場を訪れた私たちも、「県立大学の人が来てくれたで」と、たいへん温かく出迎えていただいた。気さくに話しかけてくださり、帰り際には日本酒とおつまみにお弁当まで分けていただいた。

こうして島での二日間の大祭の調査は幕を閉じた。今回の調査では、集落の行事に快く呼んでごちそうをふるまっていただいたり、細かい聞き取りや具足の計測といった作業にもその都度嫌な顔一つせずに協力していただくなど島の方たちにたいへんお世話になった。限られた時間の中で最上の祭りができるようにいつも懸命に準備や練習に取り組む中で調査にもご協力いただいて、本当に感謝してもしきれない。そういった方々との出会いも含めて今回の調査に参加したことは大変良い経験であったと思う。集落の皆さまに心より御礼申し上げたい。

コラム

稚児行列

人間文化学部地域文化学科　四回生　山田千尋

式年大祭の三日目の十月十三日午前中、台風が近づく中で稚児行列が行われた。この稚児行列は前回の大祭から始まったものである。九村《くむら》の各集落在住の子どもは踊り子として大祭に参加するため稚児を務めることはなく、主に集落外に住む外孫や親戚の小学生以下の子どもが稚児となる。今回は二六〇人の稚児が参加した。

稚児の衣装は基本は同じであるが、男女で色とかぶり物が異なっている。男子は烏帽子をかぶり、薄い緑色の着物の上に緑の千早を纏い、紫色の袴をはく。女子は天冠をかぶり、赤色の着物に桃色の千早を纏い、紫色の袴をはく。そのほかには男女とも黄色と紫色の二つの花がついた菊を一本持ち、顔には化粧を施している。化粧は顔を白く塗り、額に黒色の丸まゆをつけて目じりに朱をさし、口紅を塗るというものである。

十月十三日の九時頃に私は調査班の一人として竜王町立公民館へ向かった。私が到着したころには、すでに多くの稚児とその保護者、着付けを行う人たちで部屋は満員であった。本来であれば着付けの後、稚児が行列を組んで綾戸の集落センターから渡御を行うはずであったが、台風のために省略され、稚児は集落ごとに集合して順番に大型バスに乗り込み、ピストン輸送で苗村神社まで行くことになった。本来であれば見ることができた稚児の渡御が行われなかったのは残念である。

苗村神社に到着して稚児がバスを降りる時には、稚児の衣装が汚れないように保護者が稚児を抱えて楼門まで運んでいた姿が印象的であった。稚児が到着して境内は稚児と付添いの保護者であふれかえり、辺りは楽しげな喧騒につつ

大祭３日目、献花を行う稚児や保護者でごったがえす苗村神社の境内

まれていた。

やがて稚児による献花が始まった。拝殿前に用意された献花台の上に稚児が付添いの保護者とともに菊の花を順番に置いていった。献花を終えた稚児は西本殿に参拝した後、それぞれの家族で記念写真を撮っていた。

稚児行列は子どもの無病息災を祈るほか、子ども時代の記念としての意味が強いため、稚児の様子をビデオやカメラに収めようとする保護者の姿が多く見られた。前回、昭和五十七年の式年大祭時の写真では、付添いの保護者の多くは着物であったが、今回は洋装が多く時代の流れを感じた。

稚児行列のほかの行事とは違う特色は、集落在住の子どもたちが中心となって構成される踊り子とは違い、集落外に住んでいて大祭に踊り子として参加しない、または、できない子ども、およびその保護者が参加できる場として大祭の中で機能しているところではないかと思う。

Ⅳ

大祭の変化とこれから

式年大祭三日目、田中の囃子方による苗村神社拝殿での奉納

祭りのしきたりはいかに更新されるか
―田中集落囃子方の実践―

滋賀県立大学人間文化学部　教授
細馬宏通

はじめに

三十三年に一度の祭りというものを考える時、第一に興味深い点は、祭りの知識や伝統がいかに継承されるか、ということだろう。

三十三年という年月は、人の記憶が薄れるに十分な長さである。いかに文書や口伝えでその内容が伝えられようとも、細部の多くは、その時その時に祭りを担う者にまかされる。何より、祭りの当日、若者たちの多くは、大勢の人々が見守る中、渡御《とぎょ》の道々、神社の境内、あるいは御旅所《おたびしょ》で、ほとんど初めて、自分の身をもって実際に山車《だし》を曳き、踊りを舞い、囃子《はやし》を奏でる。繰り返し練習を積んでもなお、実際の行事の連なりの中で自分たちの山車が進み、舞や囃子を奉納することとは、練習とは全く異なる、一回限りの体験である。このような体験の中で、祭りの場にふさわしい行為はどのように生み出され、そこでは何が補われ、何が付け加わるのだろう。そしてそうした営みは、祭りの高揚とどう関わっているのだろう。

この章では、祭りの担い手が、祭りの細部を生み、しきたりを広げ、書き換える現象を、実際の担い手たちのふるまいをもとに記していこう。注目するのは、田中集落の囃子方である。

田中での大祭中の行事

田中は苗村《なむら》神社の南方に位置する総戸数四十五戸（平成二十七年現在）の集落で、大祭では「子之初内《このはうち》」という組織を構成している。

大祭での田中の重要な行事は、舞と囃子の奉納である。田中によって奉納されるのは、年少者による「ころころこ踊り」（隣の綾戸《あやど》の年少者と合同で行われる）、稚児による縁起と由緒の読み上げ、囃子方による「越天楽《えてんらく》」の演奏と稚児舞、そして「春日山《かすが》囃子」「マリと殿様」「伊勢音頭」の演奏である。奉納は一日目に苗村神社境内と馬場で、二日目に御旅所の農村運動公園で行われるほか、集落内の八幡神社でも行われる。

そしてもう一つの大きな行事が、集落内の八幡神社から苗村神社、そして苗村神社から御旅所への「渡御」およびその帰りの「還御《かんぎょ》」である。渡御と還御は、囃子方を乗せた山車を中心に行われる。

奉納、渡御、還御のすべてで楽曲を奏する囃子方は、祭りの中で重要な位置を占めている。彼らは祭りの本番で、既成の曲をただ譜面通り演奏するだけでなく、さまざまな創意をそこに盛り込み、祭のしきたりを拡張する。しかし、彼らは最初からそのような自在な能力を有していたわけではない。それどころか、祭りの半年前には、楽器経験者はほとんどいなかった。では、彼らはどのように囃子を習得し、祭りにおいて創意を発揮するにいたったのか。まずは、練習段階を簡単に追っていこう。

囃子方の練習と創意

平成二十七年度の囃子方の奏者は、三月に決定した。ほとんどのメンバーは、楽器は未経験で、四月から楽譜の読み方や楽器の奏し方、音階練習などを行い、楽器に慣れるに従って、一曲ずつレパートリーを増やしていった。実際の指導にあたったのは、前回の囃子を経験している高橋博さんと、音楽大学の出身でこの集落に嫁いできた田中綾さんのお二人。博さんは主に前回の経験を活かして、祭りの本番で必要なことを指摘する役で、綾さんは実際の太鼓や鉦《かね》、笛の奏し方について、指導を行う役だった。

こうした練習では、楽譜通りの演奏だけではなく、複数の曲をつなげて演奏するべく、曲間のアレンジがなされることがある。例えば、六月十四日の練習では、「伊勢音頭」と「マリと殿様」を続けて演奏するために、簡単な間奏が考案された。実は当初、この間奏について、異なる複数の意見があった。この日、練習を三十分ほど行ったあと、博さんがまず「つなぎはみんなで考えていこう」と提案した。これを受けて、綾さんが「『マリと殿様』は『伊勢音頭』とリズムが同じなので、『伊勢音頭』が終わった後、そのまま鳴り物は叩き続けてはどうか」という案を出し、一方、博氏は「じれったいような感じにしてもいい」「全体が盛り上がるように考えていきたい」と、対案ともとれる意見を出したが、この時点では結論は出なかった。

このあと、「春日山囃子」の通し練習に移ったのだが、そこで一つ興味深いことが起こった。これまでは、綾さんが「せーの」と合図をしてから始めていたのだが、この時から、まず小太鼓が自主的にリズムを取り、そこに演奏をのせていくスタイルに変化したのであ

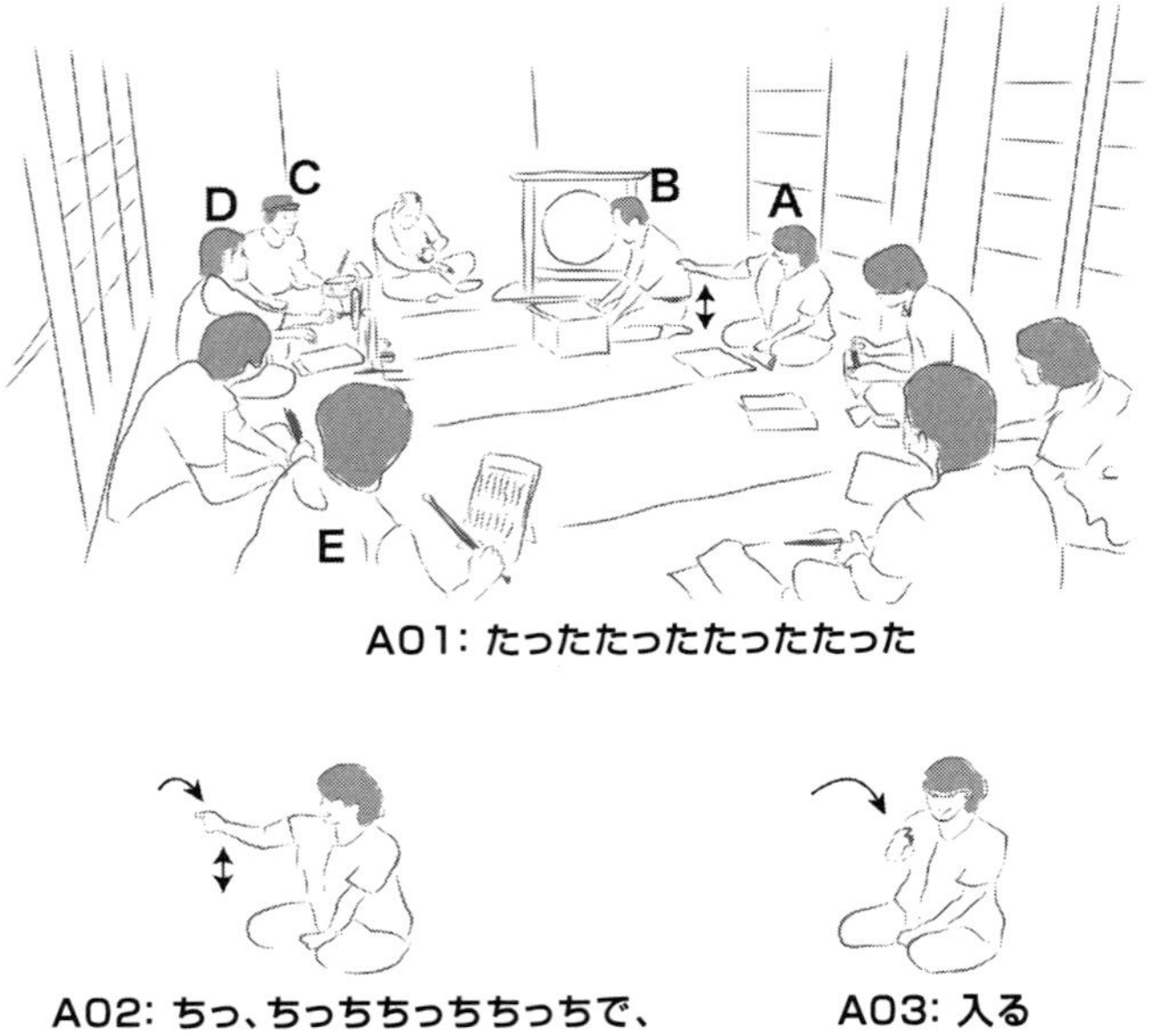
D
C
B
A
E
A01: たったたったたったたった
A02: ちっ、ちっちちっちちっちで、
A03: 入る

図１　田中集落囃子方の練習風景　指導者の綾さんはまず、「たったたったたったた」と小太鼓奏者Ｃに向かって口ずさみ、次に鉦奏者Ｄに腕先を移して「ちっ、ちっちちっちちっちで」と言ってから、最後に笛奏者たちの真ん中あたりを指しながら「入る」と言った。Ａ：綾さん、Ｂ：博さん、Ｃ：小太鼓奏者、Ｄ：鉦奏者、Ｅ：笛奏者。

る。

再び「マリと殿様」の練習に戻ると綾さんはここで、これまでの「せーの」ではなく、小太鼓、鉦、笛の順番に叩くことを、声と身振りで示した。これは直前の「春日山囃子」で起こった出来事を踏襲したものだろう。おもしろいのは、この時の綾さんの指示が、いちいち誰が何をするかをことばで指示していないにも関わらず、他の人たちが自主的にその意を汲んでいたところである。以下は、綾さんが初めて指示を出した時の会話だ（図1）。

綾さん　いまはええっとね、（小太鼓に向かって）たったたったたったたったた、（鉦に向かって）ちっ、ちっちちっちちっちで、（笛に向かって）入る

小太鼓奏者　（笛奏者を見ながら歌う）てってってってってってって……

博さん　ほんでも一回いくって感じでいくやろ？

笛奏者　（笛で小太鼓と鉦に向かって円を描きながら）そっちでやってみて

綾さんの簡単な指示をきっかけに自分の役割を口にする人（小太鼓奏者）、構成を考える人（博さん）、これから行う練習の段取りを示す人（笛奏者）が現れ、あっという間に次に行うべきことが形作られていることがわかる。ここに挙げた例に限らず、間奏のような創意工夫は、指導者から演奏者に対する一方通行ではなく、奏者の自主的な解釈やアイデアとともに、徐々に形作られていった。

この練習で生まれたような、打楽器のイントロダクションによって演奏や間奏を始めるという形式には、重要な意味がある。なぜなら奏者たちは、打楽器があるリズムを刻みさえすれば、それがどの曲のイントロかを予測できるようになったからだ。これは、打楽器がリズムを刻むことによって、いちいち曲名を確認し合わずとも、その曲を即座に開始できることを意味している。後に述べるように、このことは、祭りの渡御と還御において、大きな効果を発揮した。

田中の山車「春日山鉾」

ここで、囃子方の乗る山車についても記しておこう。田中の山車は「春日山鉾」と呼ばれる二階建ての巨大なものだ。一階には二人の稚児が舞う小さな舞台が正面に、十一人の囃子方が座して演奏する場所が奥に据えられており、二階の周囲には膝上ほどの高さの手すりが巡らされ、春日大社を思わせるつがいの鹿、灯籠、紅葉、庭石の飾り付けがなされている(図2)。

山車が伝統を継承しているだけでなく、その都度、祭りの担い手によって創造的に作ら

図２　春日山鉾（山車）の外観　左の前面に舞を奉納する稚児が座り、内部には囃子方が座る。基部には３トントラックのシャーシが用いられており、屋上には、鹿、紅葉、灯籠などが飾り付けられている。これは山車が境内外の馬場に停まっているところで、すぐ後ろに馬場と広場を隔てるフェンス、その向こうに餅まきの行われる広場が写っている。

れ、更新されていることは、その構造を見れば明らかである。土台となっているのは、廃車になった三トントラックを解体したシャーシであり、山車全体はトラックのタイヤの上に乗っている。もともとのハンドルの基部には梶棒が接合され、前方でタイヤの方向を変えることができる仕組みになっている。また、停まった際に車体が安定するよう、サイドブレーキも取り付けられている（もちろん、エンジンは取りはずされている）。一階の最後部にはアンプと有線マイクが、二階にはスピーカーが備え付けられているが、高橋博さんによれば、これらはもともと、囃子方が演奏しない時のテープ演奏や、年長者から周囲への通達に用いることを想定して付けられたとのことだった。

二階の装飾部分は、ガラス樹脂、発泡スチロールを用いて作られたもので、さらに基部は蝶番《ちょうつがい》のついた折りたたみ式になっている。これは、渡御と還御の道中で、低く垂れ下がった電線をくぐる時に装飾をすばやく横に倒し、くぐった後にふたたび戻すための工夫である。担当した春日山鉾係の方は、奈良の春日大社に取材に行き、鹿のスケッチを何枚も描いたのをもとにデザインしたそうで、鹿の角の繊細な曲がり具合といい、砂を特殊な調合した塗料で飾り付けられた灯籠といい、重厚な素材と見紛う出来だった。

これら山車の製作はすべて、田中在住の大工、鉄鋼業者、石材加工業者、染物師、電器店経営者など、集落内の技術者によって行われた。昭和五十七年（一九八二）の設計図と写真は残っていたが、製作者のほとんどは、前回の製作に関わっていない人々であり、そこにどのような内装、外装をほどこし、設備を加減するかは彼らにまかされていた。二階の装飾も、部分も、前回は外注だったが、平成二十七年は集落で製作された。

基盤となるトラックといい、スピーカーシステムといい、装飾の素材といい、用いられているのは、極めて近代的なものである。にも関わらず、それは伝統的な山車の要件を満たしている。田中の山車は、伝統の継承が、単なる既存の形を守る行為ではなく、極めて創造的な行為であることを物語っている。そして、このスピーカーシステムは、祭りの本番で、思わぬ形で用いられることになる。

餅まき行事と囃子方

さて、この章で、しきたりの拡張について考えるために注目したいのは、大祭で二度にわたって行われた「餅まき」行事である。

餅まきは大祭の一日目、二日目に行われる五穀豊穣を祈る行事で、およそ十数分ほどの短いものである。前回の昭和五十七年にはすでに行われていたそうだが、この行事が比較的新しいものであることは、苗村神社の境内ではなく、場外の広場で行われることからもうかがえる。

その一方で、一般客の集いやすい場所で行われている点、実際に餅をまくのが苗村神社の神主さんや役員である点で、この行事は、近年の大祭の中で重要な位置を占めている。二日間にわたって行われるのも、この行事の人気を反映してのことだろう。

私にとって、大祭のしきたりを考える上でもっとも興味深かった現象の一つが、この餅まきにおける二日目の出来事だった。そこで起こったことを詳しく分析する前に、まずは一日目と二日目の餅まきがどのように執り行われたかをざっと記しておこう。

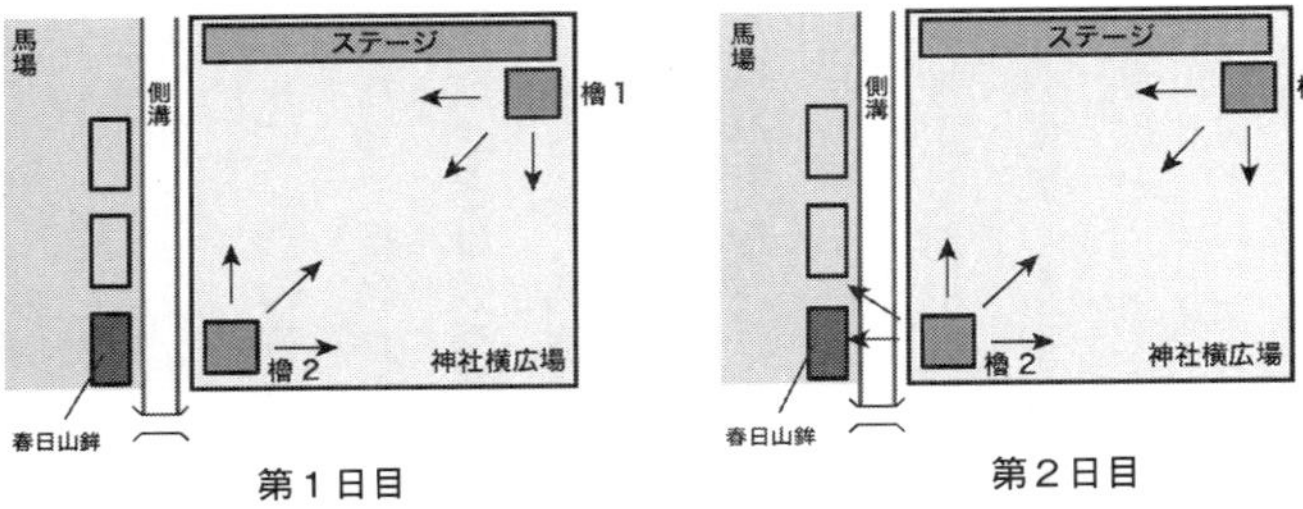

図3　第1日目の餅まきと第2日目の餅まきの比較　2日目では、櫓2から馬場に向けて、側溝を越えて餅がまかれた。

餅まきの会場となる広場は、神社の馬場と側溝をはさんで隣接している（図3）。側溝沿いにはフェンスが張られており、馬場と広場を行き来するには、神社正面に通じる小さな太鼓橋へと迂回しなければならない。広場には大きな櫓《やぐら》が二基据えられており、餅はこの二ヶ所から広場内の観客に向かってまかれる。進行役は広場のステージにいる司会者たちであり、一日目は司会の合図ののち、一斉に餅まきが始まり、餅は広場内にのみまかれた（図3左）。

ところが二日目、餅まきの直前に、春日山鉾とその周辺の人々から、馬場に近い櫓2に向かって、餅を求める声があがった。そして餅まきは、進行役の合図を待たずに開始され、しかも餅は、広場のみならず、側溝を越え、馬場に停めてある春日山鉾と隣の三輪山《みわやま》鉾（綾戸集落の山車）に向かって投げられ始めた（図3右、図4）。

図4　馬場から見た第2日目の餅まき　中央上は広場側の櫓2。右端は馬場側の春日山鉾。餅は広場だけでなく、側溝を越えて山車の並ぶ馬場にも投げられた。

餅まきの間、春日山鉾では囃子方による太鼓の音や餅を求める声がマイクを通じて流され、舞台の進行役に対抗するような音声によるパフォーマンスが演じられた。そしてこれらの音声に応じるように、櫓2の上からは馬場に向けて餅がたびたび投げられた。この結果、一日目はただ退屈げに餅まきを見ていた馬場の参加者たちは、投げられる餅に歓声を上げ、大いに盛り上がった。いわば、春日山鉾の囃子と音声の力によって、しきたりの一部が変更されたのである。

では、この二日目の餅まきにおけるハプニングは、祭りのいかなる文脈の中で起こり、春日山鉾と櫓とのいかなる相互行為によって達成され、祭りのあり方をいかに変更したのだろうか。その詳細を見ていこう。

渡御と還御がもたらす囃子方の高揚

一日目の餅まきの直前と二日目の餅まきの直前とでは、それまでに囃子方の経験した高揚感に大きな違いがあった。高揚感を左右していたのは、両日の日程である。

一日目、田中の囃子方の出番は比較的少なかった。朝の八幡神社での奉納(七時三十五分〜)から苗村神社への渡御(八時五分〜四十六分)を済ませたあとは、拝殿前での奉納(十一時五十三分〜)と馬場での子之初内の催し(十四時三十分〜)以外に囃子方の演奏はなかった。また、馬場での指定時間以外の演奏は、拝殿前の行事の妨げになることから、基本的に禁じられており、実際、一日目の午前中、囃子方が馬場で自主的に短い演奏を試みた直後に、委員の方から、境内での催しの妨げになるので馬場で演奏を控えるよう注意が申しわたされた。

一方、二日目の囃子方の行事は一日目と大きく異なっていた。主たる違いは、渡御と還御が執り行われたことである。二日目には八幡神社から苗村神社への渡御(八時〜八時三十九分)が行われたあと、苗村神社から農村運動公園への長大な渡御が行われた(十時五十一分)。そして農村運動公園での子之初内の催しで囃子を奏したあと、再び苗村神社へと還御が行われた(十五時～)。渡御と還御の長い道中で、囃子方は頻繁に演奏を行っただけでなく、次第に独自のアレンジを加えたり、その場で即興的に楽を鳴らすようになってきた。例えば、停まっている間に太鼓と鉦が即興的なリズムを奏でたり、カーブなどの難所で鉦がカンカン、カンカンとあたかもトラックの警告音を真似るような音を鳴らしてから、難所を乗り切ったあとに正調の「伊勢音頭」と「マリと殿様」を賑やかに奏して無事を祝う、といった具合である。こうした演奏をことばの合図なしに行うことができたのは、ひとえに練習で生み出された小太鼓のイントロのおかげだ。小太鼓がトントトントと調子よくリズムを刻み出すと、奏者たちは、何の曲をいつ鳴らし始めたらよいか、即座に予測できたのである。還御の際には、本来はゆっくり演奏する稚児舞用の越天楽を、山車の進行に合わせてアップテンポで演奏することすら試みられた。

一日目の渡御では、道中、高橋博さんからどの曲をいつ演奏するかについて指示が飛んだり、演奏に疲れた囃子方に替わってカセットテープによる演奏がスピーカーから流されることもあったが、二日目の渡御と還御では、囃子方の演奏はすっかり自在になり、博さんの指示がなくとも、演奏者同士の簡単な相談や合図によって演奏が自主的に開始されるようになった。何の打ち合わせもなく、小太鼓と鉦がイントロダクションを演奏し始め、囃子方が即座に曲を演奏することも何度かあった。囃子方の演奏は、単に山車から流れる音楽ではなく、自ら山車の進行をなぞり、山車の進行と演奏を一体化させ、山車の進行そのものと化すパフォーマンスへと練り上げられていったのである。

還御を終えて山車が馬場に到着した（十五時五十三分）後、長い道中に、自分たちで囃子を操る愉しさを見い出した囃子方は、馬場に停まっている間も、興奮冷めやらぬ状態で、即興で鉦や太鼓や笛を奏でていた。幸い、この時にはすでに境内での行事は終わっており、前日に委員から発せられたような注意はなかった。二日目の餅まき（十六時三十分〜）は、このような高揚の直後に行われたのである。

餅まきに先だって、会場となる広場前のステージで踊りが披露されていたが、これはあらかじめ録音された演奏を用いたものだった。渡御と還御に随行した私にとってさえ、こうした既成の音楽は、自在に奏すことのできる生演奏に比べて、いささか空々しく響いた。当事者である囃子方たちが、この録音物の再生に違和を感じたことは、想像に難くない。ここで、重要な役割を担ったのが、山車に備わっていたサウンドシステムである。広場側の踊りが終わって、役員たちが餅まきの準備のために櫓に上がると、馬場側にいた囃子方は開始を待たずに、太鼓を鳴らしながら山車のマイクを使って「お願いします」「餅ちょうだい」と、近くの櫓2に向かって声を上げ始めた。これに呼応して、山車のそばにいた参加者からも「もちー」と声が上がった。

この後、櫓2の役員たちは、舞台の進行役の合図を待たずに餅をまず広場に向かってまき始めた。餅がまかれ始めてから数秒後、この動きに気付いたステージ上の進行役が「まだですよ！　まだですよ！」と叫んだが、十五秒後、役員の一人が、水路をはさんだ馬場に向かって餅を投げ、連続してさらに二人の役員が投げた。二十五秒後、進行役はさらに「まだ投げないでください！」と叫んだものの、櫓2からの餅まきは止まらない。興味深いことに、ステージに近い櫓1ではこの時点でまだ餅をまいていなかった。

山車の囃子方は、馬場に向けての餅まきが間遠《まどお》になると「こっちこっち」「おもち！　おもち！」と、マイクパフォーマンスと太鼓、鉦を使って櫓2に聞こえるようにコールを行った。この結果、櫓2からは間欠的に馬場に向かって餅が大量にまかれた。後半には、苗村神社の宮司さんも馬場に向かって何度か餅をまいた。馬場への餅まきは、単なる逸脱ではなく、半ば公認された形をとるようになったのである。

祭りの夕暮れ

かくして、祭りの二日目の最後の行事である餅まきは、一日目とは全く異なる形で終えられた。ここで、今一度、このような祭りのしきたりの柔軟性がなぜ表れたのかをまとめておこう。

まず重要なことは、囃子方の即興的な行為が、単なる場当たりのできごとではなく、二日間の渡御と還御の経験によってもたらされ、その高揚の直後に行われたことだ。祭りの高揚は、祭りの中でいつも一定の程度で持続しているのではない。担い手である囃子方たちは、自身が渡御と還御の各場面で即興的に囃子を奏する喜びを体験し、その興奮さめやらぬうちに、即興的な行為が発露されたのである。

そしてもう一つ重要なのは、この即興が、広場のステージで用いられていた録音物の再生による、既成の音響に対して、鉦や囃子と山車に搭載されたサウンドシステムという、新旧入り交じった創造的音響によって行われたことだ。渡御と還御の高揚によって生み出された「山車―囃子」という一体システムは、ステージにPAを擁する広場とは相対する、もう一つの祭りの場を馬場に形成し、広場と馬場の立場をひっくり返した。その結果、餅まきは、広場の舞台にいる進行役が命ずるよりも前に、馬場に停められた山車に煽《あお》られることによって始まり、山車を中心とする馬場を含む形で進行した。つまり、馬場への餅まきは、単なるしきたりからの逸脱ではなく、祭りの高揚を担う当事者によって行われた、しきたりの拡張だったのである。

餅まきが終わると、その日の田中集落に残された行事は、苗村神社から集落への帰途のみだった。祭りの高揚をなだめるように空は薄暗くなり、夕暮れが近づきつつあった。住宅地を抜け、田園の真ん中を山車はゆっくりと進んでゆく。委員長が「ちょっとマイク貸して」と言って、山車の前後で歩を進めている集落の人々に、翌日三日目の予定について語り出した。「えー、皆様お疲れ様でした。明日の段取りですが、台風が近づいております。そのため……」。その淡々とした通知のあり方こそ、本来のマイクの使い方に違いなかった。だが、同じそのマイクは、ほんの少し前、若い囃子方たちの声と演奏を拡声し、祭りのしきたりを押し広げていたのだ。長い一日が終わろうとしていた。委員長の声を聞きながら、囃子方たちは黙って、山車の上で静かに揺られていた。

おわりに　三十三年後への継承に向けて

滋賀県立大学人間文化学部　講師
武田俊輔

この本を執筆した滋賀県立大学の調査団の最大の目標は、三十三年後、ひいてはその先においてこの祭礼に携わる九村の方々が、祭礼を今後も継承していく上で有益な報告書を作成することであった。大祭の終了後、それぞれの集落においても継承に向けた記録の保存と整理が活発に行われている。本書を終えるにあたり、式年大祭の終了後に進められたそうした取り組みについて紹介しつつ、来るべき三十三年後の大祭の継承をめぐる状況について展望してみたいと考える。

第I部の「竜王町の近年の概況」で述べられているように、九村の人口は減少傾向にあり、青壮年層が他出してしまったことで、少子高齢化の進行も急速である。このような社会の変化に対応させつつ、一世代後の三十三年後において地域社会においてこの大祭をどのように引き継ぐか。それは九村の方々、特に今回二十代～三十代として大祭では芸能などを中心に役割を担った世代に課せられた役割であるが、大学という場で地域貢献を担う私どももまた、今回の調査成果をもとに手助けとなる材料を提供していくことが、今回お世話になった苗村神社や九村の皆さんへの恩返しとなる。調査団のそうした取り組みについて、また集落における継承に向けた取り組みについて、以下では述べていきたい。

調査報告書の刊行

大祭当日の調査の終了後、まずは教員・学生たちによる聞き取りや当日の状況に関するメモ、また写真や映像のデータを集約する作業が始まった。大祭の準備期間についてのデータも含めて、聞き取りや参与観察のデータは学生たちがエクセル形式で入力して提出している。その量は膨大であり、さらに写真・映像に至ってはあらかじめ用意しておいた5ＴＢ（テラバイト）のＨＤＤ（ハードディスクドライブ）がいっぱいになるほどであった。

これらをもとに報告書という形で編集し、また映像については奉納行事の準備、稽古や当日の様子をある程度の枚数のＤＶＤにコンパクトに集約してお渡しするための作業が始まった。また慌ただしい準備の中で十分にお聞きすることができなかった項目についての聞き取り、九村に残された古文書の撮影・目録の作成、祭礼全体を統括していた苗村神社三十三年式年大祭委員会や苗村神社の宮司さんへの聞き取りといった追加調査も改めて行われた。

報告書のうち、教員のみの手による歴史編以外については、学生たち自身が最初の原稿を執筆し、それに教員が修正を加える形で作成した。このようにして出来上がった原稿を学生たちがさらにインデザインというソフトに流し込み、写真や図面を挿入して印刷をお願いしたサンライズ出版にお渡しして、報告書となった。この間の学生たちの頑張りなくしては、この報告書は完成しなかったであろう。

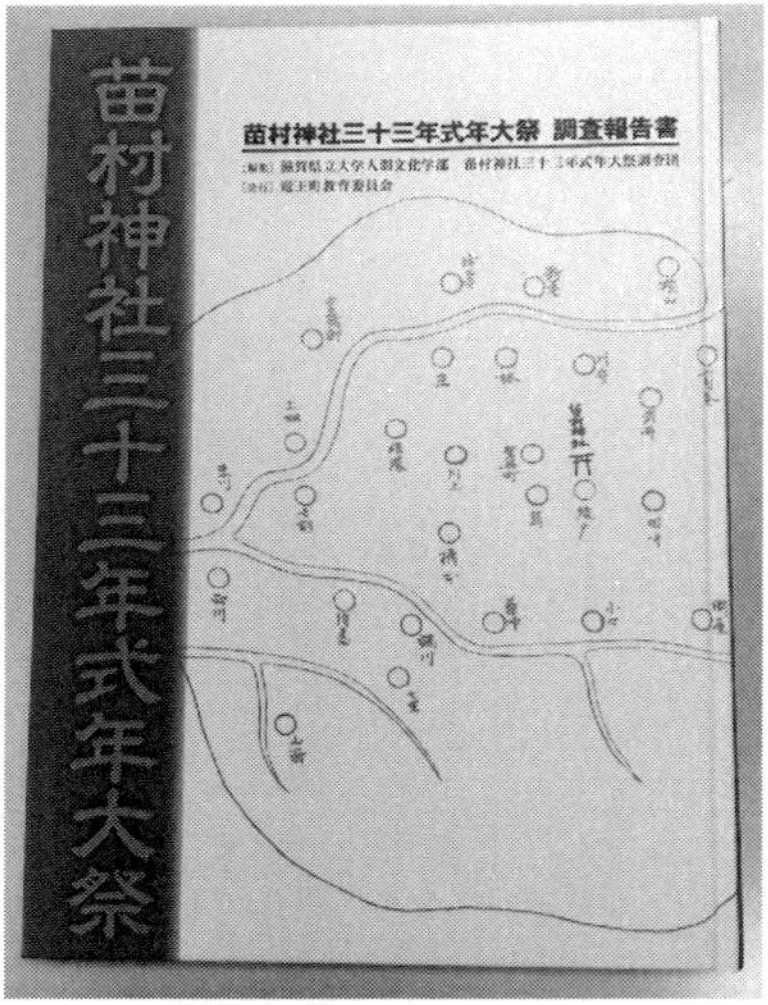

完成した報告書

実は今回の調査で大きな問題となったのは資金の問題で、当初の手持ちの資金は私が研究代表者として学内で申請した調査と編集作業に使える特別研究費のみにすぎず、報告書の印刷費をどう工面するかが悩みの種であった。しかしながら竜王町に平成二十七年度の補正予算で報告書の印刷費を支出していただいたことで、写真や図面も豊富に入れることができ、九村による古式催しの詳細、また道具や衣装等についての詳細なカラー写真も掲載することができた。結果として、三十三年後に大祭が行われる際にも活用していただけるようなものにできたのではないかと考えている。

竜王町立公民館での調査報告会

さらに報告書の編集作業が始まった十一月、大祭終了後に行われた大祭委員会に市川秀之先生が出席し、調査結果を九村の皆さんにお伝えするべく、学生たちによるポスターセッション形式での調査報告会を行うことが決定された。

報告書の刊行に先立って、お世話になった竜王町の皆さんにこうした形で成果を還元することはとても大切な機会であり、また学生たちもそれぞれが調査した集落の皆さんに対してご報告するということで、自分たちの調査で明らかになった内容について、改めて見直す良い機会となった。教員にとっても学生たちのコミュニケーション能力を向上させる場として、こうした機会は大切なものである。彼(女)らは懸命に集落ごとのポスターと報告原稿、それにその日に九村それぞれにお渡しする映像資料を作成して、報告に備えた。

苗村神社三十三年式年大祭調査記録報告会に集まった竜王町の皆さん

報告会は平成二十七年（二〇一五）二月二十八日に、竜王町立公民館で開催した。正直なところ、どれだけ集まっていただけるのか心配していたのだが、幸い九村を中心に一五〇人を超える方々にご来場をいただき、公民館のホールはいっぱいに埋め尽くされた。冒頭の市川先生による挨拶の後、東幸代先生による江戸時代からの苗村大祭の歴史についての講演、次いで横田祥子《さちこ》先生から昭和五十七年（一九八二）の前回の大祭と今回の大祭を比較した講演が行われた。

その後、公民館内で九村それぞれに分かれての、十五名の学生たちによる報告会となった。私は自分が学生たちとともに調査を担当した子之初内（綾戸・田中）についての報告会の進行をしていたが、調査でお世話になった皆さんが公民館の音楽

報告会で子之初内のころころこ踊りについて報告する学生

室いっぱいに詰めかけて、ポスターと映像を用いた学生たちの報告に熱心に聞き入ってくださった。学生たちも、それにお応えできるよう、懸命に報告をしてくれた。本書に収められた学生たちの文章にも、そこでの報告の際に皆さんからいただいたレスポンスが反映されている。

九村における継承への取り組み

ここまで大学による報告書や映像記録、報告会について論じてきたが、もちろん九村の方々自身がまず何よりも、次回の継承に向けて熱心に記録を作成されていたことにも触れなくてはならない。前回の大祭から今回にかけての継承の際にも、九村のそれぞれには準備の進行に関する日誌、予算や役割表、道具類、楽譜や台本、山車の設計図といったさまざまな記録が保存されており、活用されていた。また各集落の奉納行事についての8ミリビデオによるダイジェスト的な映像記録もあり、それが九村による継承において重要な役割を果たした。

例えば浦部純樹君・田村和樹君の二人が書いてくれているように綾戸の人形芝居では、役者たちが前回のビデオを見ながら人形の動きを習得していった。また島のせんにち渡りの踊りは、前回の大祭の際には、稽古の最中に師匠同士が自身が演じた幼い頃の記憶を思い起こしながら踊りを再構築する作業が必要だったのに対し、今回はあらかじめＤＶＤに焼いた映像を子どもたちに配布して覚えておいてもらうことで、踊りの習得プロセスは大幅に短縮された。

そして今回の大祭では私たちの調査団のみならず、九村の人々自身が映像メディアを今後の継承に生かしていくために、組織的な記録が行われていた。私が直接に調査に関わったのは島・綾戸・田中・駕輿丁《かよちょう》であったが、いずれにおいても撮影の担当者があらかじめ決められ、時には学生たちと協力しつつ撮影が行われていた。前回は断片的にしか映像が記録されていない奉納催しも多かったが、今回の大祭では祭礼当日については網羅的な形で記録が残されている。また一部の集落では芸能の稽古のプロセスの記録も残されたほか、綾戸では大祭に関わった役付きのメンバー二十名程度についてのインタビューの収録が行われた。今後の祭礼の継承においてはこうした映像記録がおそらくこれまで以上に積極的に活用されていくと思われる。

昭和五十七年の大祭では九村の踊りや人形芝居の振りは、指導者である前回の大祭経験者が相談しつつ記憶をすりあわせて改めて練り上げ、いわば再構築して伝承していたが、今回の大祭では映像記録が残されている部分については、映像に残されたものが真正なものとされて教えられた。もっともこうして残された映像の結果、九村の人々が全く同じものを伝承したというわけではない。佐藤琢磨君と渡邊文乃さんが書いた田中の稚児舞は、舞い手が女子になったことで振り付けの内容も変わり、さらに師匠だけでなく、住民同士の記憶を確かめ合う中で振りが作り上げられた。また、伊藤芹香さんが論じた豊年踊りの隊列のような人数の変化によるアレンジ、菅沼春香さんが論じた川守の囃子においてであれば指導者や住民の感性によるアレンジ、細馬宏通先生が論じた田中の囃子に見られるように、奏者の自主的な解釈やアイデアを通じて常に流動性を持った形で芸能は住民たちの手で継承されていく。さらに人形芝居の人形のようなモノについても、実際に稽古を行う過程で柔軟にその構造が変更されていく。大祭における「伝統」とは、そうした柔軟な対応の中で受け継がれていくものなのである。私たちが編集した報告書の内容もまた、そうした創造を行う上での材料として将来活用されていくものと考えられる。

とはいえそうした継承が可能になるためには、何よりも今後とも九村を構成する各集落の後継者が、三十三年後も変わらずそれぞれの集落において大祭のバトンを受け継いでいなければならない。第Ⅰ部で丸山真央先生が述べているように、竜王町の人口はここ二十年減少を続けており、転入者を転出者が上回り続けている状況にある。これにともなって前回の大祭に比べて今回は子どもたちの減少が進み、まだ一人で踊れないような幼い子どもたちも踊り子に加わった集落も少なくない。また、かつてであれば青年たちが行ってい た囃子方の後継者がいないために前回の大祭で演奏した人たちが再登板したという集落もある。

こうした状況において九村は今回、綾戸・田中・奥村であれば女子に踊り子の門戸を開放し、また島や田中の場合では町外に住む他出者《たしゅつしゃ》を呼び寄せて、その子どもたちに踊り子として参加してもらうという形でそれぞれに対応した。現在では竜王町には住んでいない他出者であっても集落に対する愛着は深く、中には横浜に在住しているにも関わらず何度も子どもを連れて稽古に参加している親と、それを迎える祖父母の姿も見られた。また山田千尋さんのコラムで取り上げられている稚児行列のように、むしろ他出子が中心に参加できる催しも存在する。仮に竜王町自体には居住していなかったとしても、そこに親世代・祖父母世代の住む家がある限り、大祭は継承されていく基盤を持つ。

加えて大祭自体は三十三年に一度しかないけれど、春の例大祭と五月の節句祭を中心に、苗村神社の祭礼は九村それぞれに、各家が輪番で受けもつ当屋を中心に、それぞれの家に役が当てられて、毎年立派に行われている。九村・三十三余郷にある神社についても当番で社守を担当する家がしっかりと氏神を守り、引き継いでいる。そのような日頃の神社への信仰や集落の中での付き合いの深さが継続している限り、三十三年後も立派な大祭が継承されていくはずである。

結びに代えて　大祭がつないだ集落の絆

そしてまた今回の大祭が行われたこと自体を通じて、九村の中に三十三年後に向けた種は播《ま》かれ育ちつつあることを、この本を閉じるにあたって述べておきたい。

大祭が終わって半年ほどしたある春の夜、私は第Ⅳ部で細馬先生が取り上げた田中の囃子の指導者の方々、そして囃子方を務めた青年たちに話をうかがうべく、集落の集会所となっている田中農業構造改善センターへと足を運んだ。若い世代の囃子方がほとんど練習も欠席することなく、自分たちで自発的にアレンジや工夫を加えつつ、楽しみながら囃子を作りあげていった姿とその熱意について、ぜひおうかがいしたいと思ったからである。

到着すると、指導者や囃子方だけでなく、自治会長や大祭委員長をはじめとした田中の主な役付きの方々も合わせて二十名近い方々に迎えていただいた。私が持参した日本酒を手に大祭の映像を一緒に観賞し、当初お聞きするつもりだった囃子のことに限らず、大祭全般や今後の継承に向けた取り組みまで含めて活発な議論も行われた。

今回、田中で囃子方を務められたのは、十八歳から三十三歳の青年たち十一名。そのうち二十代後半の四名はもともと同級生で、数年前までは地蔵盆のたびごとに青年団として皆で集まって一緒に焼きそばを売っていて仲がよかったが、最近は集まることも少なくなっていたという。自治会長は「同級生いうても普段、横のつながりなかったやん、卒業してから。びっくりしたわ」とおっしゃっていたが、大祭半年前に始まった練習で毎週土曜日集まるようになったことをきっかけとして、再びお互いの結びつきを再確認し、集まっては朝まで飲みに行くような仲が復活した。そしてその四人が上の世代と下の世代をつなぐ形で「遠慮なしにものが言える」関係ができていった。中には大祭の半年前に養子として田中に引っ越してきた男性もいたが、この大祭で共に囃子を練習し、一気に集落の中にとけこむことができたという。三十三年に一度の大祭を通じてこうした若手のグループができたことは、集落にとって大きな財産となった。次回の大祭ではこの世代がおそらく役員や囃子の指導者として、しっかりと大祭を引き継いでいくに違いない。

今後の囃子方をどうしていくかについては、いろいろな意見が出た。前回の囃子方で、今回は青年たちの指導をされた高橋博さんは囃子方を終えた後、「これ三十三年後にせなあかんなあって、僕は自分自身で思て」、引き出しの中にずっと楽譜と笛を保管していたという。当初、大祭では別の役を当てられていたが、自ら手を挙げて指導に当たっている。そんな博さんは囃子が子どもたちにも伝えられてその輪が広がっていくこと、そして今回の囃子方の経験を共通項にして、一体となって若い世代が田中を担っていってくれることを切望していた。また自治会長は今回の囃子がお年寄りたちの心にどれだけ響き、世代を超えたつながりを作ったかを青年たちに語り、敬老会や老人会といった場での演奏をリクエストされていたし、竜王町の文化祭で披露するといった案も出された。囃子方からも子ども会での演奏といった提案があった。

こうしたそれぞれの提案が実現するかどうかはわからない。ただ大祭後も囃子を演奏するかどうかはともかく、大祭を通じて同世代の青年たちの中に強い絆が生まれ、また異なる世代同士でも互いに話をしやすい雰囲気が醸成されたことは間違いないようである。この日見せていただいた大祭最終日の直会の席の映像では、途中で囃子方への演奏のリクエストが行われ、田中独自の曲「春日山囃子」が披露された。「あ、それ！」という合いの手と手拍子に合わせて次第にテンポが速くなり、参加した全員がどんどん盛り上がっていく様子は素晴らしいものであった。

一緒に観賞していた田中の人たちも「田中の最高の盛り上がりやな」「最高潮やな」と口々に言い、自治会長も「こないだの三日目の打ち上げの時、八十いくつのおじいさんが『わしはほんま涙ぐむ』言うてはってん。そんなおじいさんが踊ってはるのもな。ほんまの話や。こんなちっちゃい集落……わしら一八〇人しかいいひんのによ、そのうちのこんな数で、こんなに盛り上がったのはほんま久しぶりや。三十三年に一ぺんのある意味ワンチャンス。その前なかった。楽しかった」と、世代を超えて生まれた一体感を思い返していた。

これからの地域社会の変化に合わせて、おそらく大祭の個々の行事の細部、また継承の仕方については何らかの変化が起こっていくだろう。しかし三十三年に一度の大祭が、集落の同世代の住民同士のつながりを深いものとし、そしてそれぞれの世代ごとの親しい交流を作り出していくことに変わりはないだろう。おそらく次の大祭の際にも、九村のそれぞれにこのビデオに残されたような絆が生まれ、そしてまた引き継がれていくに違いない。そのことを楽しみに、私たちもまた三十三年後のその時を待ちたいと思う。

大祭の約半年前から始まった私たちの調査においては、数え切れないほど多くの方々にお世話になった。苗村神社の小野定章宮司、小野定親名誉宮司、苗村神社三十三年大祭委員会の皆さま、そして九村でそれぞれに大祭の準備に汗をかかれ、立派な奉納を成し遂げられた皆さま……。学生たちに対してたいへん温かく接し、そして受け入れていただいた皆さまには本当に感謝の言葉しかない。また竜王町教育委員会には報告書の刊行についてご配慮をいただいた。深く感謝申し上げたい。

執筆者一覧

（掲載順、肩書きは平成28年１月現在）

滋賀県立大学　人間文化学部

地域文化学科	教　授	市川　秀之	（いちかわ・ひでゆき）
地域文化学科	准教授	東　　幸代	（あずま・さちよ）
人間関係学科	准教授	杉浦由香里	（すぎうら・ゆかり）
	４回生	村川　貴哉	（むらかわ・たかや）
人間関係学科	准教授	丸山　真央	（まるやま・まさお）
	４回生	大上　将吾	（おおがみ・しょうご）
	４回生	田村　和樹	（たむら・かずき）
	４回生	浦部　純樹	（うらべ・じゅんき）
	４回生	菅沼　春香	（すがぬま・はるか）
	４回生	水野　佑一	（みずの・ゆういち）
	４回生	伊藤　芹香	（いとう・せりか）
	４回生	佐原　未紗	（さはら・みさ）
人間関係学科	助　教	中村　好孝	（なかむら・よしたか）
	４回生	佐藤　琢磨	（さとう・たくま）
	３回生	渡邊　文乃	（わたなべ・あやの）
地域文化学科	助　教	横田　祥子	（よこた・さちこ）
	４回生	橋本　直樹	（はしもと・なおき）
	４回生	杉浦　　圭	（すぎうら・けい）
	２回生	丹羽　桃子	（にわ・ももこ）
	４回生	高下　勇気	（こうげ・ゆうき）
	４回生	山田　千尋	（やまだ・ちひろ）
人間関係学科	教　授	細馬　宏通	（ほそま・ひろみち）
地域文化学科	講　師	武田　俊輔	（たけだ・しゅんすけ）

■編著者略歴

武田俊輔（たけだ・しゅんすけ）

1974年　奈良県生まれ。

1997年　東京大学文学部卒業。

2003年　東京大学大学院人文社会系研究科博士課程単位取得退学。

修士・社会学。日本学術振興会特別研究員・江戸川大学社会学部非常勤講師を経て、現在、滋賀県立大学人間文化学部地域文化学科講師。専門は社会学。

淡海《おうみ》文庫55

世代をつなぐ竜王の祭り—苗村《なむら》神社三十三年式年大祭《しきねんたいさい》—

2016年2月29日　第1刷発行　N.D.C.386

編著者　武田俊輔

著　者　滋賀県立大学式年大祭調査団

発行者　岩根順子

発行所　サンライズ出版株式会社
〒522-0004 滋賀県彦根市鳥居本町655-1
電話 0749-22-0627

印刷・製本　サンライズ出版

ISBN978-4-88325-182-7　Printed in Japan　定価はカバーに表示しています。

淡海文庫について

「近江」とは大和の都に近い大きな淡水の海という意味の「近(ちかつ)淡海」から転化したもので、その名称は「古事記」にみられます。今、私たちの住むこの土地の文化を語るとき、「近江」でなく、「淡海」の文化を考えようとする機運があります。

これは、まさに滋賀の熱きメッセージを自分の言葉で語りかけようとするものであると思います。

豊かな自然の中での生活、先人たちが築いてきた質の高い伝統や文化を、今の時代に生きるわたしたちの言葉で語り、新しい価値を生み出し、次の世代へ引き継いでいくことを目指し、感動を形に、そして、さらに新たな感動を創りだしていくことを目的として「淡海文庫」の刊行を企画しました。

自然の恵みに感謝し、築き上げられてきた歴史や伝統文化をみつめつつ、今日の湖国を考え、新しい明日の文化を創るための展開が生まれることを願って一冊一冊を丹念に編んでいきたいと思います。

一九九四年四月一日